宗徳経《かんつもとのおしえぶみ》

先代旧事本紀大成経伝（三）

先代旧事本紀大成経第三十九巻　経教本紀（上巻の上）

神代文字の訳（祝詞）

御親《みおや》なかりせば吾《われ》またあらじ　今日のひと日をはげみつとめなむ

いざや　天《あめ》の御親神《みおやかみ》　地上《くに》の御親《みおや》　濁世《にごよ》さやがせたまえ　御光《みひかり》をたまえ

朝《あした》いのちはゆ御親《みおや》をおがみ　夕吾《ゆうにわれ》をいだく御親《みおや》をおがむ

布留部由良由良《ふるべゆらゆら》　布留部由良由良《ふるべゆらゆら》と布留部《ふるべ》

表紙・カバー　神代文字の書　安房宮源宗

目次

はじめに 6
序章 13
経教本紀の成り立ち 15
宗徳経の目的 19
宗徳経の学びかた 22
なんのために神を理解するか 27
流されず、立ち止まる 30
宗徳経 35
宗徳経序文　秦 河勝 36
第一　五鎮 43
第二　貞境 64
第三　養気 70
第四　明理 76

第五　修心　82
第六　正神　87
第七　五五　93
第八　成得　99
第九　天道（註 以上は天物梁命の記）　111
第十　五徳　120
第十一　五功　129
第十二　一道　139
第十三　五大（註 以上は天思兼命の記）　147
資料　164

はじめに

この「宗徳経」は古神道の教義である。ちなみに、現代では神道に教義はないとされている。それと区別するため、あえて古神道といった。

六世紀末、建国以来初めて神道の理論書が作られることとなった。若くして徳の誉れ高かった聖徳太子は、わが国及び大陸や朝鮮半島伝来の古伝を紐解き、深く解読するという秀でた才能を現され、神儒仏の三法に通じられていた。推古天皇の詔を受けて著されたこの経典は、後に五憲法制定へとつながる吾が国の根本思想である。

聖徳太子がみまかられた後、推古天皇の御代は度重なる天災に加え、大臣蘇我氏の専横によって大いに混乱した。蘇我氏の政治私物化は目に余り、天皇は憲法を以て厳しく対処され、困難を超えられたという。推古天皇は、聖徳太子の著作と生前のみふるまいと言葉を記録した巻物を後世に遺すべきとされて秦河勝と学哥、中臣食御子に命じ、先代旧事本紀大成経にすべてを収めるよう計らわれた。本書はその第三十九巻経教本紀に収められている。

この経教本紀は、先代旧事本紀大成経の核となる巻である。しかし江戸時代に法匪の絶版事件に遭って以来、一握りの研究者を除いて触れられないまま今日に至っている。

その原因とされる大成経偽書説の真否は、日本書紀の記述を採っての裁定なので、結果は火を見るより明らかであった。徳川幕府といえども朝廷の威信の下での権力にすぎない。天武朝以来、正統な国史とされてきた日本書紀の記述に介入するのは大タブーである。一宮の神官の訴えごときで覆せるものではなく、従来の伊勢内宮外宮の言い分を採り、根拠とされた大成経ごと葬った。

先代旧事本紀大成経は禁書となり版木が焼かれ、版元の戸嶋惣兵衛は処払い、伊雑宮神官数名と時の神道家永野采女は流罪となった。だが、渦中の中心にあった黄檗宗僧侶の潮音禅師は軽い処分に減ぜられ、上州黒滝不動寺へ移ることで済んだ。

潮音禅師は、時の将軍綱吉と生母である桂昌院の篤信を得た高僧である。潮音禅師はその後も偽書説に対して反証するため「大成経破文答釈の篇」を書いた。生涯、偽書に非ず、偽作者に非ずとの主張を曲げなかった。ここまでは偽書としてビッグネームの先代旧事本紀大成経の説明として世間で知られていることである。

続きがあるので、それを記しておこう。その弟子である壽峰法師は、版木は失われても写本があるはずだと探索の旅をした。そして四十年の歳月を経て、写本を発見した。（註・享保十一年、濃州の教泉寺の易問、常性寺の聞慶、弘誓寺の恵照、江州の聞光寺達空、光月寺輪察、称念寺の月海、犬上郡の丹壽坊瑞巌、勢州の善長寺泰鷲の八僧、等。竹内に伝来せるを請いて伝写し、先代旧事本紀大成経七十二巻を各寺に所持。）

この竹内とは、卜部家の傍系血族の信濃源氏、竹内重好のことであり、大成経編纂に関わった中臣御食子が書写した正本が卜部家に相伝されてきたものである。また、延宝七年に書写校合されて武州豊島深川八幡に奉納されたものは、実物の一部を故宮東博士が所蔵され大切にされていた。

江戸後期の国学者橘守部は国学界の主流であった本居宣長一門、鈴屋の学派に独り反抗した学者であるが、単に追従しないだけではなく独自の見解で学説を打ち立てた。その業績は、記紀や万葉集の注釈研究や古歌、古文の修辞学的研究などがあるが、ここで注目したいのは「旧事紀直日」を著し、先代旧事本紀の偽書説にかつて賛同したことへ反省の弁を述べたことである。「賀茂真淵氏、本居宣長氏、などの如き世に抜群たる識者等も猶皆等しく疑えり。早くよりかく名だたる大人等が、押しなべて疑いしことなればさもありなむと、年頃心に留めても見ざりしに、流石、神たちのみうえ、王臣の系譜等のいと思いの外の委しく正しく伝へあるは如何なることか見るに今の如く、偽書ぶりにしたてらる、はいと後のことにて、其のはじめのものだねは偽書ならざりし事を始めてさとりぬ。悔しきかも彼の人々の言に塞がれて、とく見ざりしことを」と、自分が有名人の言につられてしまって、よく内容を見ていなかったことを深く悔いた。

偽書として否定する者の言い分と、この神書を国と万民のために世に弘め、知らせなければならないと生涯をかけた者の言葉との両方を見比べ、宮東博士の「自由の学究たれ」という激しい口調を思い出しながら、わたしの立場は明確である。

歴史と神学とを混同してはならないことは、折口信夫の「まずは神の系譜と人の系譜を分けよ、それからが新しい神道の始まりだ」という敗戦直後の言葉がよく表している。しかし、教義がないことが都合がいいのだろうかと不思議でならない。

単純な話だが、神話のメッセージ性は教義がなければいかようにも作れるのである。実際、そのようにして「むかしばなし」は語られて、それはそれでよいだろう。けれども、人々の日々の安穏を祈り、国の平和を祈る場所では、その類の自由は矛盾を生みはしないだろうか。

自然崇拝と片づけて、ではアニミズムかといえばいやそうではなくてかんながらだという。かんながらは神ながらであるが、肝心の神とは何なのかを自然というならば、アニミズムに過ぎない。かように、意味不明のままに、忽然と天皇崇拝が現れ、人間天皇を絶対視するという大どんでん返しもあるのが神道である。いかにせん、いかにせんと悩ましいではないか。

想うに、先の戦争とその前と前の前の戦争に出征し、戦地で命を賭して戦い、故国の土を踏むことが叶わなかった軍人、兵士たちが、宗徳経にある「五功」「五大」を知っていたならば徒に死ぬことはなかったのではなかろうか…　せんなきことだが、正しく良いことを為さんという清い志を胸に、斃れた人々を思わずにいられない。八月十五日の空は、知らされないことの惨さを反射し悲しいばかりになのに、知らされないということすら知らないのが実情である。

大いに偽書説を語るがいいと思う。あの幕府裁定は明治政府の国策神道につながり、現在の神道につながっている。どちらが正しかったか、この歴史が教えたのではないだろうか。

古神道教義の根幹は五鎮三才である。いわゆる惟神（かんながら）とは五鎮道を指す。よって五鎮を修めることが第一であり、修めるとは字を読むことではなく、意味が胸落ちし、常の行いに表れるまで成ることをいう。

そして五鎮がわかるとは、すなわち神を理解することである。事前に何かを知らなくても日々を五鎮道に生きるということでいい。それはすなわち神道のいう自然を敬い、自然とともにある日本の暮らしと矛盾していない。神を知った上でならそれでいいが、自然の意味を明らかにせずに敬っても道とはならない。だから教義は必要なのである。国家のために死ぬことに何の意味があるのか答えられずに道とはいえない。惟神は、生かす道であり、無益ないたずらな死を否定している道である。

また宗徳が日本の古神道に限っての教えや思想なのではなく、それぞれの神の心の原型であることに気づかれるだろうと思う。信教の垣根を超えて、生きる道を探す人への答とならんことを祈っている。

原文写本は故宮東博士が収集されたものを使用した。また、できるだけ多くの人に先代旧事本紀大成経を知っていただくための解説書として、原文を省略し現代語訳を添えて読みやすくすることに努めた。意訳に際しては同博士の訓詁を参考にし、解釈については、安房宮源宗氏の講義録に多くをお借りした。

なお執筆にあたって改めてご教示いただいたこともあり、未だ至らぬ身に過分のご恩情をいただき、申し訳なく感謝してもしきれない。
両先生に、ここに謹んで御礼申し上げる。

平成二十九年六月

著者

序章

経教本紀の成り立ち

推古十一（六〇三）年、摂政の聖徳太子は氏姓制により世襲されてきた任官制度を廃し、新たに冠位十二階の制度を敷かれた。古代国家形成に貢献した氏族からなる氏姓と門閥によった従来の任官制度は、その多くが世襲で引き継がれてきた。それは政治腐敗と権力闘争の原因ともなっていた。

新しい冠位十二階の制度は、広く機会が開かれ業績と能力評価によって当人一代限りに与えられる位である。そのため権力の偏りによる不正を無くし、また職務への意欲と向上心が高まることが意図された。これは後の大化の改新の行政改革に先駆けたものであるが、後者は聖徳太子の思想とは異なり、中央集権によって朝廷の権威と権力を高めることを目的としていた。

聖徳太子が国家経営の基とされた理念は、無私の徳である。徳なき権威と権力は、かえって国を亡ぼすものとして戒め、徳の結果として成った権威でなければ国の繁栄と民の平穏は得られないことを説かれている。これは先代旧事本紀大成経全体に通底する思想であり、その理念は特に経教本紀に解説されている。

そして翌年春には、国家経営の指針として聖徳五憲法を制定された。この二つの改革は日本書紀によってよく知られているものである。だが、そこに至るまでの下地となった業績については、ほとんど知られていない。

推古二（五九四）年、御歳二十三歳の聖徳太子は経教本紀を著された。そこに記された古代日本の思想がその後の政治改革の基盤となり、聖徳太子が終生を通じて目標とされたことである。

政治に限らずおよそ仕事には文書は欠かせないものだ。文書を作るにあたってまず文字の選定、何に記録するか（現代では紙か電子文書かというように）といった基本的な方法の選定が必要である。現代人にとっては当たり前の事だが、さまざまな事が過渡期であった当時、聖徳太子は著作を始める前にまず※1文字の改革に着手された。秦文字（漢字）は、少数の学者や公卿が習い覚えている程度だったからである。

新たな字は、秦文字を同意のやまとことば（日本語）に置き換え訓読みにして用い、また同音の秦文字を宛字にして用いる方法で編み出された。これにより通訳を介さずに読み書きできるようにされた。

こうした手順を経て、それまで口誦と神代文字で伝承されてきた先史と古伝を、人々に普及しやすいように書き直された。

そして解説を加えて全部で六篇の経典を著された。始めに書かれた※2神教経と宗徳経の二書は、総ての宗（もと）にあたるもので、その理念を実際の政治に活かすために、新たな任官制度と五憲法を制定されたのであった。

推古天皇は聖徳太子薨去の後、中臣御食子大夫を五瀬国に遣わして天孫大神に問い奉り神託を授かり、太子の遺作である「神教経」「宗徳経」「神文伝及び学要伝」「三章伝」「王仁解及び莵道訓」「謚名奉表」の六篇を先代旧事本紀大成経に編纂することを命ぜられた。六篇は経教本紀（第三十九～四十二巻）としてまとめられた。この経という字はやまとことばでは「おしえぶみ」と読む。古代神の道の教義本という意味である。わが国の神の道の教えは、この書に尽くされているといえる。

※1　古事記、日本書紀、古語拾遺などによれば、わが国には秦字（後の漢字）が伝来するまでは文字はなかったといい、従来定説となっている。だが朝廷には神代文字で書かれた史と内録（うちつふみ）が伝えられていた。後の推古三十（六二三）年には、それらを基に編纂されてきた先代旧事本紀大成経が完成した。

その初めにある推古天皇の序文及び秦河勝の書いた序伝に、聖徳太子が新しい字を興したという記述がある。（拙著・先代旧事本紀大成経伝（一）第三章を参照されたい）

※

２「推古天皇二年春二月。太子、天皇に奏し親（みずか）ら神教経、宗徳経等の書を編（つく）り、初めて神家の学を立て、並びに学哿に命せ儒宗の学を興し又、使いを州々（くにぐに）に遣わし、農節、稼ぎ方を教え、是の時に至って卿庶等も、始めて神と人と一致し、吾が儒と異儒と同理なるに通じ云々」と聖皇本紀（第三十七巻）にある。

〈訳〉聖徳太子は神道の教義を著した書物が未だ作られていないので、今後必要になりますと、天皇にお伺いを立てたところ、詔を戴き著述にとりかかられて神教経と宗徳経を著された。そして博士学哿には儒教についてまとめるよう命じられた。そして書物が完成すると、役人を各地に派遣して、耕作の時節や方法、生計の立て方を指導させた。それによって官も庶民も初めて神の教えの中に生活の方法があり、神と人とが一つにつながっていることを理解することとなった。そして吾が国の神の道の教えと中国の儒教の処世術のその元々の理は同じであることを教えられた、後略。

宗徳経の目的

わが国の古代から伝わってきた「宗」の教えをまとめた「神教経」「宗徳経」によって、古来の「道」は宗の教えとして新たに記録されることとなった。

この書は国の成り立ちを明らかにし、口誦による伝承の間違いを正して後世に残すことを目的として作られた。推古天皇は公布にあたって、公職者（学者、官僚、僧侶、神官）はその教えを規範とし、人々を導くために自ら修め、努めるよう命じられた。またこの道は、天皇を始めとして大臣、公卿、国造から一般庶民に至るまで、全ての人が守るべきものであると記された。

神代文字でオオモトと書かれた語は漢字の「宗」を宛て、宗は源、起源、本などの意味でモトと読む。「宗」は、天の始まりをいい、道とは、この世界の原理原則とその方法を意味する。そして、天とはいわゆる神のことである。

しかしながら神の定義は民族や人種によって異なり、古くからさまざまに思い描かれてきた。それが宗教の多様性に表れている。

そしてその多くの場合、神は人や獣の姿に似せて想像されている。つまり、人から見た姿、あるいは人にとって都合の良い形に表したといえる。そこに表された神は、人を超えた優れた能力を持つ。そこで、人を救える勝れた能力を持つ人を神に対するように敬い、「聖人」として崇めた。次第に神のイメージは人に近づき、人に似せて描かれることに慣れていった。しかし、それによって天の意味を狭めたともいえる。

神を人に似せるというのは、人を中心に置いた発想である。そこでは天地の原理が抜け落ち、天地もまた人が造ったのだということになる。

天は天のままに、神は神のままにして崇めた原始宗教が存在した形跡は世界各地にある。その名残を留める場所は人知れずあって（観光地化されずごく普通にあるという意味で）、そのような場所では神は顔を持たないまま暮らしの中に在り、人々の心を照らしたり曇らせたりしている。神は息をするように在るのである。

また、人に例えた神が信じられてきた所では、その宗教においてのオオモトは、人の世の始まりに置かれてきた。見えない天より人に似た神の方が理解されやすく、信じられやすい。こうして人の手が入った宗教は、不安と恐れを左右する装置ともなり、支配者は大義名分に用い、その神は益々人の姿に似ていった。

一方、経教本紀にある宗の教えでは、神とはハタラキであると記され、ハタラキには用という字を宛てる。（用は、点と点の間を結ぶ、間に在り、点に留まらない）またここで、吾が道とされた「道」は神の道で、ふりがなをふればカミノミチである。

かみのみちは、祭祀政治から律令制へ移行していく過程で「神道」の表記を漢音のシントウと読むようになり、それが定着していった。

その過程においてかみのみちの本質、核心である教えは薄まり、神道は祭祀と祭儀に偏っていった。その延長が現在の神道である。奈良時代以降は、神教経と宗徳経にあった「道」は政治の表から失われていった。そのため「神道に教義がない」と今日に至っていわれているのである。

神の道はまた天道とも表す。天とは一般的には宇宙の最高主宰者、創造主という意味であるが、そこから「者」「主」を外し（人に仮託されない）根源的なはたらきと、起源という意味である。

天のはたらきを儒教では誠と謂い、神の道では心または徳と謂う。つまり天道とは、天のはたらきである徳に率（したが）って、人は誠実に生きよと教えたものである。神の道然りで、天地を含むこの世の原理原則と人とがどう関わっているか、人はどう生きるか、そしていかに死ぬか。その関わりは徳によって顕れる。それによって人は自ら救われもし、正しい選択をする智恵を得ることもできる。徳は自らの内にあり、外にある神につながってはたらくという教えである。神書二書のうち宗徳経は特に、人の生きる道を中心に説かれたものである。

宗徳経の学びかた

宗徳経は初めに天の成り立ちの源である五鎮を説く。

順々に人としてそれをどう修めるかを教え、神はどのようにはたらくかを五五によって教え、それが人の世において成る（仕上がる）ための方法を教え、神のはたらきと人との関係が天道において説明されている。

次に五徳、五功に分けて人の生き方を教え、その仕上げを一道において、さらに五大において霊しきはたらきを説き、全体を締めくくっている。

これらは徳を説きながら、起源（これは時間軸で考えない、次元を超える特異点として）である天のはたらき、そして地（大地に限らず物質界の始まりから生成過程、生成後の宇宙から大地、その生物の全てを含む）の成り立ち、地に生まれた人がいかに生きるか、いかに死ぬかを細かく解き明かして、善く生きる方法を教えたものである。

順番でいえば個々人の幸福があってその先により良い社会が形成される、そのはてに国家及び国外にある周辺諸国も含めて、皆が豊かに平穏を保って暮らせるようになるということだ。そして、その全てが円環のようにつながって、神の道に叶うものとなると説いている。

要約すると、人が守るべき法とやり方としては五徳を意識せよということである。なぜならば天の徳が人に降り、徳は魂のハタラキであり全ての人にとって平等なのだから、それを自覚して生きよ、そのためには常に善を選べということである。そのことによって神のハタラキと一体化し、「願いとしてならずということなし」と教えている。

また、この教えの中に儒教と仏教に似たところがあり、迷わないようにと注意書きが為されている。先に仏教を学んだ者が、この説は仏教から借りたのではないかと訝しがり、儒教を学んだ者がこれは儒教ではないかと疑い、神の道の本質を見失うことがある。それは一法を知って、他法を知らない偏りであるとし、二法との違いは霊宗にあるので前後をよく読み、全体を通して理解するようにと戒めている。

神の道の三原則（三才または三部という）の一つである霊宗は、行いと心が結びついた結果として得られる実感によって理解するものなので、修行を欠いて、字面で得た浅い知識だけではわからないのである。

そもそも儒教には古儒と新儒とがあり、古儒にはかつては霊宗に通じるものがあった。だが、新儒が主流となった今ではすでに失われて、新儒を学んだ学びの浅い者はそのことを弁えないで誤解するので、予め留意しておくようにと諭したものである。また儒教は処世における善を教える学問なので人々にとっては理解しやすい。よって神の道の理解を助けるための方便として用いたと序伝にあり、儒教を排除せよということではない。

補足すると神儒の違いは、そこでいう神の意味にある。古儒ではおそらく同質であった、神の道に古来含まれていたわが国の儒を東儒というが、時代が降り新儒が盛んになると、天すなわち神とは怪奇及び超常的な力を指して謂うようになった。一方、日本の神の道の神は、漠然とした不思議な力ではなく、神のそれぞれのはたらきを神名によって表した。それは、形無き原始の次元から物質界の極微を経て、森羅万象の諸々を司るものとして系統立てられ、大別すると天津神、地津神、八百万神である。つまりはたらきの段階を神々の名によって表わし、連携して理に沿ってはたらくのを総称して神と言うのである。

神儒を比較すると、神の道が一貫して生命の道を説き、オオモトの神の心と徳から離れないのに対して、儒教は処世（政治を含む）を細々と説き、心より人の情や世情を説く教えとなっている。それは広大な大陸を統一することの困難を抱えた古代中国の政情が背景にあって変化していったものである。そのため、本を質せば神儒のカミは一つに辿りつくことを説き、一教に偏らないようにと教えている。

理解を困難にしている霊宗だが、これを修めるにはただ知識を得るだけでは難しい。教義全体を理解した上での五常五行を心がけ、そして五徳を修める。その積み重ねによって人知を超えた領域を察知できるようになり、字面の裏、行間を読むことができるようになるとされている。そのような修行を必要とせず生まれながらにして霊しきを覚っている存在を聖人、あるいは神人、眞人（かんつびと）といい、学ぶ時にはその教えを受けよとも諭している（「第八 成得」）。

宗徳経において特筆すべきは、神の道には、大義のために失われてもよい命という考え方は無いということである。むしろ、個人と公の両方を成り立たせてこそ、人の世での成功、健全な社会が得られ、そうでなければ道が成ったとはいえないと教えている。

道を歩むことによって、一人ひとりが正しく生き、それによって一家庭の幸福があり、またその集まりである公に於いては、道の集大成として無私を貫いた政治を行い、善良さと公平を基準とするのである。

昨今の殺伐とした時世では、これらの言葉は浮きあがってしまいそうなのだが、素直に耳を傾ければ至極当然な、真っ当なことではないだろうか。

社会が真っ当さからかけ離れたとき、人がみなそれを捨てたわけではない。困難に直面して諦めたり、直視や考えることを止めてしまう人は多いけれど、人は魂をもって生まれてきた存在である。善あれば悪が必ず生じ、しかしまた悪で全てを覆い尽くすこともできないのだ。儒教でいえば中庸の、神の道でいえば正しい位置に揺れもどす貞善のはたらきがある。人の世の理とはそういうものであることも教えている。

修め、学んでいくことでくじけない勇気が得られるのではないだろうか。

なんのために神を理解するか

信じているというより何気なく身近に感じ、時には神を頼るという人は多い。だが残念ながらといおうか、神は社の中にいるのではない。神の不在を知ること、また神はいかにして坐すかを知ること、それだけでも宗徳経に学ぶ意義があるだろう。

今、民主主義の世の中で、自己主張と存在の自由は当然の権利だと思われている。だがその一方で、人は自分自身の「吾が身」を大切にしていると、本当に言うことができるだろうか。

大切にするとは勝手をすることとは違う。これは他者との関係のことではない。自らの意志でその身をコントロールしているかどうかである。しようと努めもせず、自分自分と言いつつ実は流されるがままに吾が身を放置していることもまた身勝手といえる。医学や健康に関する情報を見聞きしても、その情報には意図的に流された商業的な仕掛けが刷り込まれている。それが自分にとって必要かどうか分別しないならば受け身である。自ら関心を持たなければならないのは身体の成り立ちであり、身体はどのような場合にどう変化するのか、穏やかさと健やかさを得るにはどうすればいいのか。それを知ることである。

これらのことが第一章の五鎮に説かれている。神を頼るのと神を理解することは異なる。鳥居や社の方を向いて拝むとき、その先に神がいるとは限らない。拝むより、神とは何かを知ることが大事である。

それによって我が身の大事さ、そして自分の生まれた元である親を思う気持ちに変化が生まれる。それは親の心を知ることである。親孝行しなさいという短絡的なことを言うのではない。それならば儒教の「孝」のつとめであり、神とは何かを知ってからでも遅くない。

親も良い親とばかりとは限らないではないか、それを思ってどうするという声もあるだろう。良くも悪くも親であることの事実を視ることによって、自ら誕生したのではない、自ら為し得たわけではなく存在している自身に帰ってくる。その実存を簡単に否定して、何か得られるだろうか。よくよく考えなければならない難しいことではあるが、吾が身を大切に思うことから始めると、それはおのずと親へと辿りつく。神を知るとは、親からつながる先の方である。これらは五鎮道の理論によって説かれ、また五徳の細かき教えによって説かれている。

すなわち神は外に求めるのではなく内なる神を自覚することと、繰り返し説かれているのは、自己啓発や癒やしなどでよく言われる「自分を大切に」「自分を賞めること」とは違う、吾が身の「うまれでどころ」という根源的な意味へ導くためである。

また、神とははたらきであるという「はたらき」がしっくりこないならば、AとBの間にあって作用を起こす元となるものと言ったらどうだろうか。

神は見えないが、感じることはできる。また、現象の結果によって元を振り返って知ることができる。生死の境界は目にには見えないが、無と言い切ることもできない。だが形の無い神は、形あるものに憑いて顕れるのである。憑くとは直接的な憑依ばかりを指すのではなく、風雨や嵐、天変地異もまたはたらきの延長上にある。

しかし、言葉で説明してもきりが無いのは、はたらきは感じとることだからである。神の意味を言葉に頼るのは、未熟な詩を読むようなものである。心の奥まで響かない。

あくまでも教義は裏付けであり、実践を積むことによって神への感受性は開かれ、覚っていくことができる。断るまでもなく、実践とはいわゆる修験者的な修行を指すのではない。日々の暮らしの中で五鎮道を意識して積み重ねることである。

長い説明になったが、宗徳経は天すなわち神のはたらきである徳をその身に修めて、維持していくことで人生は滞りなき道となり、また正しく理にそってその道を行き、成就として良き死に臨むと説かれている。加えて、人が生まれた意味は、この一歩一歩の歩みにある、なぜならば…と説いている。古代から伝わった神の道とはこのことを伝え、人が迷わず生きていけるようにするための道標なのである。

流されず、立ち止まる

神道の祭祀は、道を具現化したものであり、人が神への信を表わすために行う儀式である。その形式にどのような意味があるのかは人が勝手にこじつけていいものではなく、神の道に定められた確たる意味を伴わなければならない。

何世紀もの間、その道を伝える日嗣によって続いてきたのが大和朝廷であった。残念ながら今では失われた道だが、時代に埋没しながらも人々の中に生きながらえてきていた。それが極端に変質したのは、明治政府が定めた国家神道以降である。古代の神の道は奈良時代の延喜式によって変質したが、明治政府はさらに延喜式を近代社格制度へと変更した。この政治的統廃合によって、多くの神社の由緒が書き変えられることとなった。戦後、この制度は廃止されたが失われたものは還っていない。

そもそも宗教はわが国のみならず、本来生き方を示す教えである。日本では八世紀末くらいからその意味は失われていったが、これは仏教が台頭し、瞬く間に興隆していく時期に重なっている。朝廷に仏教僧侶が入り、精神の救済を仏教が担うようになると、神の道は祭祀の儀式や慣習を維持しつつ、意味を喪失していった。

現代の神道が古伝として参照するのは、記紀及び延喜式という十世紀の法典である。二十一世紀の現在から見れば古く感じるかもしれないが、その前は空白である。推古朝は、延喜式が作られた時からさらに三世紀遡った時代である。私たちが関ヶ原の戦い以前のことを推測でしか語れないのと同じで、遠いむかしのことである。消失した歴史を探究するのは、十世紀においては現代よりさらに困難であり、推察はできても正確さは期待できない。しかし、公にはそれを原典として神道は語られてきている。

皮肉なことに、推古とは古き御代を尊び推しはかった天皇の業績に対しての尊称である。その名を冠した時代を最期に、大和朝廷の祭祀政治は終焉した（歴史的には天智天皇の御代までだが）。滅びの時が遠くないことを予言した聖徳太子の言葉に耳を傾けた推古天皇がいなかったら、先代旧事本紀大成経が編まれることはなく、古代日本は幻となっていた。後世の人々は古事記の物語や日本書紀から全てを推察するほかなかっただろう。完成後に周到に隠された大成経には、推古朝以前にあった「吾が道」が記されていた。

しかし江戸時代の禁書処分以来、未だにその貴重な文献を排除している状況では古代はおろか（人以前の）宗に辿りつきようがないのである。

「神社は祭祀を通じて日本人の心を伝えていく」ことを大義名分としながら、おおかたの神官は神社という権威と文化財を守ることを勤めとしている。心ある神官は、当然のことながら聖徳太子が神職憲法に定められたように、「国の平安と人々の平穏無事を神に祈ることを勤め」にされていると想像したいものだ。そうでないとすれば、神の道の喪失はすなわち亡国であると書かれた一行が、今の景色に重なってくるのである。

宗徳経を含む経教本紀には、現実社会では失われてしまった神の道がくっきりと記され、より良く正しい人の生き方が示されている。そしてこの道は、日本という人種、国籍に限定されず、単に人と書かれている。つまり、この地上に生きる者すべてが、互いに調和して存在し得るための教えである。

戦前、神社は国民を戦争へと一直線に煽り駆り立てた国家総動員法を支える役目を担った。その忌まわしい権威主義や覇権主義とは真逆の、寛容と平和主義に貫かれているのが、日本の古道である。

ことばは時代によって変遷する。同時に意味も失われ、また加わったりもする。それが人の世の現実である。ただし、失われたものが何なのかによって、見過ごしてもいい事とそうでないものとに分かれるのだ。物事はとかく瑣末に、筋の通らない変化が多いもので、つい流し流されてしまいがちである。そして、流してしまったのは他の何のせいでもなく、人が為したことである。ということはまた、人が気づき、立ち止まり、振り返り、源へ戻ることもできる。その戻るための方法をこの古代の書は教えてくれている。

宗徳経

宗徳経《かんつもとのおしえぶみ》の序

天皇詔《みことのり》して曰《のたまわ》く。

宗徳経は聖皇《ひじりのみこ》の第二の作述なり。初め齊元《かんついみ》に即而《ついて》、純《もっぱ》ら宗源道《かんつもとのみち》を説いて其の宗《もと》を尽くしませり。

我が瑞朗《みずほ》の中國《なかつくに》は既に史《しるしぶみ》有《つたわ》るも未だ経《おしえぶみ》の業《わざ》を作《な》すこと有らず。

聖皇《ひじりのおおきみ》、肇めて神教経《かみのおしえのおしえぶみ》を製り玉い、吾が神道《かみのみち》の大宗《おおもと》を露《あらわ》し也《また》、三部を兼ね備えて学ぶ道の軌《てほん》に堪《そな》へ玉ふ。

然りといえども其の余に無かるべからざる故に、朕は重ねて請いて此の経を著得《つくらしめ》り。是れ吾が道の根本なり。卿等《まちぎみたち》は信受して行《もち》い奉れ。朕は又、試《もち》いるに経の大意を解《とか》む。

第一章は五鎮の往還と五五の両合を釈き、第二より、第七に至って段々《しだいしだい》に五々を釈き、一々に五々往還し重々するを演べ、第八章には品々を得て学び成るの旨《おもむき》を釈き、第九章は、品を得て学成るの方《みち》を釈きませるなり。上の件は天物梁命《あめのこやねのみこと》の記《つたえぶみ》なり。

第十章より第十二章に至るは天数に即いて、五徳、五功の元極の道を釈き、第十三章は五大に即いて人の世の万端を釈き玉ふなり。是れこれ天思兼命《あめのおもいかねのみこと》の記《つたえぶみ》なり。

二神の説を聖皇《ひじりのみこ》、之に本末を解きたまうに要を以て宗源道《かんつもとのみち》を演《の》べ而《また》、霊宗道《かんつむねのみち》を含むなり。

宗源《かんつもと》は霊宗《かんつむね》に立て、齊元《かんついみ》を含み自ら存す、是を宗徳経《かんつもとのおしえぶみ》と名《い》ふ。

至哉《いたれるかな》 眞人《かんつびと》の作《つくりしふみ》、彼の経の三説は此の経の一説なり。

三説は具足し、一説は含足し偏倚所《かたよるところ》無し。学を行《おさむ》る者は此の意《こころ》を證《あかし》して之に習う則は路を違う所なからむ。と、御釈《みほどき》まつること件の如し。

抑《そもそも》経を学ぶ者は、頭々《あまた》に而《して》も正解する者は又、是れ希《まれ》なり。然《かくのごとき》に即而《よって》、看読者《まなばんとするもの》は先ず此の詔《みことのり》の章を読で、科《しなじな》に分ち異《ことなる》も之の趣の一《おなじ》なるを会し、文の句《くぎり》に入る則は、森羅の章句に惑わずして直ちに宗源《かんつもと》の極《きわみ》に至らむ。

焉《これ》、故に又、詔を奉りて先の詔を以て篇と為し、是を巻の鼻に安《おい》て学《まなび》に入《みちび》く廊《わたりのみち》と為し、以て後生を道に入らしむるの方便を設けること、是の如し。

臣　大連秦河勝《はたのかわかつ》　爾《ここに》　敬《つつしみ》て白す。

【意訳】

推古天皇陛下が、次のように御言葉を伝えられた。

「この書物は聖徳太子が二作目に書いたものである。初めに政を行うにあたっての斉元道を述べ、特に宗源道の肝要なところを詳しく述べているものだ。

わが国には歴史を記した文書はあるが、わが国の神道を記した経（おしえぶみ）はこれまで作られたことがなかった。

そこで聖徳太子が初めて神教経を著し、そこに神道の原理と三部（宗源、齊元、霊宗）を解説して、今後の学びの手本として作られた。

しかしながらそれだけしかないので、わたしは聖徳太子にさらに経を著すように請うことにした。それがこの宗徳経であり、吾が道の根本である。各々長官は心してこの書を用いるようにせよ。

また、吾が試みにこの経のおおまかな意味を解いておく。

第一章は五鎮の全体の構造と五五のつながりを説いている。第二章より第七まで、段々に五五を釈き、次第に五五が行き来し重なっていることを解説している。

第八章にはこれらの詳細を学んで後、道を成すにはどうすべきかを釈いて、また第九章は道が成るとどうなるかを釈いている。ここまでは天物梁命の相伝を説いたものである。

第十章より第十二章までは天数について書き、五徳、五功の原理と方法を釈き、第十三章は五大について釈き人の世の万端を教えたものである。これらは天思兼命の相伝を解き明かしたものである。

天物梁命と天思兼命の二神の伝え文の要をここに解き明かして宗源道を説き、またそこに含まれる霊宗道を説いている。したがって宗源は霊宗によって成り、齊元を含んで道と成るものである。この三部を兼ね具えた吾道を教えるこの経を宗徳経と名づける。

いたれるかな、眞人（かんつびと）の作、かの三説はこの経の一説である。三説そろって足り、この一説に含まれて仕上がり、偏りがなくなった。学び行う者は、この意味を理解してここに習い修めるときは道を誤ることはないだろう。」

宗徳経の大意をこのようにご説明くださったのである。

そもそも教えを学ぶ者は数多くいるのだが、正しく理解する者は希である。学ぼうとする者は、まずこの御言葉を先に読み、各章のつながりの意味を理解し、各文の底に宗源の極めが置かれ共通していること、また前後のつながりを考えて読むようにすること。そうすれば文意を読み間違えて惑うことはなく、宗源を理解することができる。

この経は容易に理解できるものではないので、陛下が大意と学びの心得を説かれた詔を宗徳経の一篇として巻の初めに置いて、道を学ぶ者に解り易いように配慮したものである。

臣下　大連秦河勝　ここに謹んで申し上げる。

・序文は先代旧事本紀大成経の編纂にあたった大連秦河勝が、宗徳経が公卿たちに公開された当時に推古天皇が下された詔をもって、この経のガイダンスとしたもの。学びの初心者へ全体の構成を伝えてわかりやすくした「廊（わたりのみち）」つまり手引きとして書かれた文である。

・先代旧事本紀大成経第三十七巻聖皇本紀には、推古天皇二年（註、推古天皇四十二歳、聖徳太子二十三歳）の時、わが国の神の道の学びをあまねく国の人々へ伝え、そして後世に遺すために二書を著わされたと記されている。また古代から伝わった史（神の道の記録）を理解する上で、この二書（神教経と宗徳経）の理解が必須であることが説かれている。

・かの三説　神教経に説かれた宗源道、霊宗道、斉元道をいう。

・「旧事紀白河家三十巻本」（白河本）には、序文は含まれていない。

第一　五　鎮

天祖《あまつみおや》の道は是、神籬《ひもろぎ》を建て、磐坂《いわさか》を建つるにあり。
天祖の道は、帝天《うえつかみ》の聖命《たっときみことば》にして皇極の宗法なり。
神籬《ひもろぎ》　磐坂《いわさか》は、神璽の霊理《かむことわり》にして、帝道《かみつみち》の尊き軌《みち》なり。其の體《たい》は仁善《じんぜん》にして、其の用《はたらき》は禮正《れいせい》なり。

【意訳】

天の理によって生きる道とは、神に向かって我を省みて、神の心を尊び、わが胸に神のみ心を戴いて行うことである。すべての宗（もと）であるこの道は、清く尊い神のはたらきを表し、天地人を貫く法則である。

神籬と磐坂を建てるとは、身を清め威儀を正して、神の徴をこの世に顕していただくことを謂い、わが国の神の道の根本である。神の本質は仁と善であり、はたらきは正しき礼となる。

・宗源　神津元（カンツモト）と読むことから神徳の源という意味。

・天祖の道　物質が生じる以前の元始のはたらき、生命活動へ通じる原理原則に順って行う道のことであり、五鎮道ともいう。

・神籬と磐境　神霊が降臨する際のモノあるいは人、その聖域と邪気を隔てるのが磐境であり、神を降ろし祝い交流することをいう。祭式の場に限定された言葉ではなく神の道の根本思想を表す言葉。なお、記紀研究による解釈では神籬と磐境は神を招じる依代と聖地及び祭場設備を指すとされている。

・皇極　一般には天皇の位を指す。しかし宗徳経はわが国古来の神の道を説き、その対象は天皇に限定されず全ての人に向けた教本である。よって「帝天の聖命」は天祖すなわち始原のはたらきを意味し、そのはたらきを人の世に具現化し、道を成すことを「皇極」という。したがって、天皇は日嗣としてこの道を体現する立場である。

其の神籬を建て、磐坂を建つるの道は、神の邪《よこしま》を祓い、神の正《まさごと》を任《とどむ》るの是なり。
神の元《はじまり》には邪無く而《これ》　聖《きよらかなるもの》　なり。
人の心と降《くだ》って肇《はじめ》て邪《よこしま》を為すものなり。
思《おもい》、慮《おもんばかり》、識《さとり》に之《ゆき》て邪《よこしま》を治めて、霊明《かみ》の元の正に帰《もど》し是れ之に住《とどま》るなり。

【意訳】

神の道の最も大切なことは、人の邪気と汚れを祓い清めて、行いを正しくし深い感謝をもって、神にきていただける素直な心身としていることである。

神のはたらきは元々、邪が無く清らかである。人は天つ神が降って心を持つので心の始めは清いものである。しかし成長し社会生活をするにつれ、肉体の変化や感情の移り変りによって偏りを生じる。激しく強い偏りによって心を忘れ、魂のはたらきを損ねて邪気を帯びるのである。よって、思慮深くして自ら止めて邪を取り除き、神の素直さと明るさに戻し、心を清くを保って生きることである。

神を正に之道《まさごと》は只、心を修むるに在る《するみち》なり。

心の元《はじまり》は悪無く而《して》善なり。人の理《ことわり》に因って肇て悪を為すなり。従い、反《そむ》き、好き、嫌いの悪を理《おさ》めて、忠恕《このましき》の元の善に止まることこそ是 之を修むるなり。

【意訳】

神の正しさを身につけるには、ただ心を修めることである。神から人に降った始めは心に悪は無く、人が自分の都合で他に従ったり叛いたりし、好き嫌いという感情を抱いてしまうことによって悪を生じる。偏った感情に流されるを止め、思いを改めて、元々のやさしさと思いやり深い穏やかな心をとり戻して、保つようにすることである。

心を修うる《ととの》の道は理を明る《きわめ》に在り。

理の元には紛れ無くして正しきものなり。諸人の気に臨んで始めて紛れを為す

なり。荒《あらぶる》、変《かえる》、偏《かたよる》、浮《うかれる》の紛れを道《おさ》めて、中貞《ほどほどのただしさ》の元の正に定まることの是之を明《きわむ》るなり。

【意訳】
穏やかでおもいやりのある善の心を保つには、理という物事の根本の筋道と理由を正しく理解して行うことである。元の理は紛らわしくなく、それぞれが一つの正しい方へ定まる。しかし人の事情、人の気持ちに左右されると本筋から逸れて荒くなり、浮かれ、偏り、善から外れていく。その結果は正しい方へ定まらない。その乱れや偏りをなくして、正しいやり方に順うことが理を明らかにし、心を修めることとなる。

・理　神のはたらきに共通する原理、原則、人には出来事や物事などがどのように進んで結果をもたらすかの道筋をさす正しい流れ。

理を明《きわむ》るの道は気を養うに在り。

気の元《はじめ》はさからうこと無くして洪《ひろき》なり。諸人の境《みのえ》に零《おち》て始めてみだれを為すな

り。見、聞、嗅、覚のみだれを平《しずめ》て、正清の元の洪《ひろ》きに尼《おさま》る、是れ之れ養うなり。

【意訳】

理を明かにするには気を養うことである。気の本来は澱みなく広々と伝わるものだが、人が見聞きしたり、触れたり感じたりすることで感情に伴って乱れる。人の感情を静め穏やかにしていることで、元の正しく清らかな気を保つことができる。

・気　はたらきが伝わること、その作用、現象をいう。神の気は清浄だが、人の気はその人自身の状態が反映される。己自身が偏りのない正しい状態でい続けることを養うという。

気を養うの道は、境《みのえ》を貞《ただす》に在るなり。

境の元は私無くして公なり。神が人となって　耽《わたくしごとにふけ》り、初めて私《えてかって》を為すなり。望みを治めて、通発の私に入りて、聡明の元《はじめ》の公に謐《つつし》む。是れ之れ貞《ただすこと》なり。

【意訳】
気を養う道は境を貞すことである。元来、神のはたらきとしてある境が、人の私情によって崩れて乱れ、正しき境ではなくなる。利己的な思いを退けて、神の聡明さを取り戻せば、正しく境がはたらくようになる。

境を貞《ただすこと》を得る則は、気はみだれざるなり。

境を立つるの道は、目、耳、鼻、口、陰を其の公に貞すこと是れなり。目は理の色に瞬《まじろ》ぎ、耳は理の音に聳《そばだ》て、鼻は理の気に通じ、口は理の用《はたらき》に啓《ひらき》、陰《ひそかぐち》は理の儀に交わる。是れ境の貞《ただしき》を得ると謂う。気はここにみだれざるなり。

【意訳】
正しく境がはたらいているときは、気は乱れない。境を正しくするとは、目、耳、鼻、口、陰部の五管を正しい方法で用いることである。見る、聞く、呼吸する、話す、交わるという行為、つまり世間での関わりの中で、目的と方法が正しく行われ、また私情に偏らないように行うことである。

・境　神のはたらきの一つで、神とそれ以外を分ける。

気のみだれざる則は理も紛れず。

気を立つるの道は、肝《なかつはら》、心《たかむね》、肺《うわつはら》、脾《うちつはら》、腎《したつはら》の其の洪きを養うの是れなり。

肝は当然に動き、心は当然に利《するど》く、肺は当然に哀《いたま》しく、脾は当然に念《しあん》し、腎は当然に欲《ほしみ》す。是れ、気みだれざれば、理ここにみだれずを謂う。

【意訳】

元々の神の気に満たされ不純なものが無いときは、理も乱れなく治まる。気を正しく保つには、肝臓、心臓、肺臓、脾蔵、腎臓の五臓が正常に機能していることである。五臓それぞれが内なる神として身体を守っているが、人が私欲を出し、惑ったりそむいたり逆ったりなどの感情にかられると五臓は傷み気は乱れる。心身がつながっていることを知って、気を乱さなければ理も整い正しく治まる。

・　みだれる　原文では言べんに孛（ボツ）。乱れ、惑う、そむく、おろかといった意味。

理の紛れざる則は心迷わず。

理を立つるの道たるや、縁《てづる》、生《うまれる》、易《かわる》、極《きわまる》、定《さだまる》の正《まさごと》を明《きわ》むるの是なり。縁は敬物《つつしむもの》に託《かか》り、生は徳事に成《しあが》り、極は道の時を遂げ、易は善意に還り、定めは誠の地《ところ》に鎮《しずま》る。

是れ、理紛れざれば、心爰《ここ》に迷わざるを謂う。

【意訳】

理が紛れなければ心は迷わない。理を整えるには、縁、生、易、極、定を正しく明らかにすることである。縁は敬いとともに在り、生は徳を積んで成り、極めは道の到達を知らせ、易は善意へ還らせ、誠に鎮まって定まる。理がこの道筋を辿れば心は善から離れることはない。

・縁　理の始めにあって、万事の起こり、原因をいう。物事の道理をわきまえ、分別する態度につつしみがあれば、その縁を次にどうつなげればいいのかわかる。悪い結果にならないように、どういう縁であるかの思慮が大事である。

・生　どのように生を全うするか、その過程に徳はあるかどうかが大事である。

・極　物事を決する究極の段階に至ること。

・易　変わること。悪意あれば凶となり結果は破綻となるので、善意で極まっていれば次に成果が表われる。

・定　正直に信をもって徳を重ねた結果、それにふさわしい誠を得ることができる。俗世でいう願いが叶うとは、この定めの段階で成るということ。また、定めの結果が、次の縁へとつながっていく。ここが終わりではない。

心迷わざる則は神の正《まさごと》を得む。

心を立つるの道は也《これ》、仁《いつくしみ》、智《さとり》、義《しめくくり》、礼《いやまい》、信《まこと》の善を修《おこな》うの是なり。

仁は、徳化の体にしてその用《はたらき》は不悪《にくまざる》なり。

智は、理致の体にしてその用は不蒙《くらまざる》なり。
義は、道行の体にしてその用は不免《ゆるまざる》なり。
礼は、節文の体にしてその用は不乱《みださざる》なり。
信は、慇懇の体にして其の用は不詐《いつわらざる》なり。

【意訳】
心が迷わないとき、神は正しくはたらく。心を立てるには、仁智義礼信の善を修めることである。仁は神徳そのものであり、悪意を持たないことである。智は理の本質であり、迷いで乱されないことである。義は道に忠実であり、緩まず怠らないことである。礼は節を弁え、乱さないことである。信は真心を尽くし、詐らないことである。

神の正を得る則は、邪僻《よこしまなるひがみ》は解《ほど》けて神籬《ひもろぎ》建ち、磐坂《いわさか》建つなり。
神を立つるの道は也《また》、魂《あおみたま》、神《あけみたま》、魄《しろみたま》、霊《きのみたま》、精《くろみたま》の聖《きよき》に正すこと是なり。魂

は諫《いさめ》に怒らず、神は利に喜ばず、魄は極に憂えず、霊は乏しきに悲しまず、精は義に恐れず。是れ神の正を得て、極は爰に建立《おこりたつ》と謂うなり。

【意訳】

正しく神がはたらいているときは、人の邪気や僻みの感情は消え、素直でおだやかな気持ちになって、神の心を我が身に受けることができる。

それには、魂、神、魄、霊、精のはたらきを妨げないことである。魂は肝臓を主どる神であり、荒息につながり、人の怒りが妨げとなる。よく慎んで怒りを静める。神は心臓を主どり、明るさと善をもたらすが、偏ってはならない。魄は肺臓を主どり、人の行きすぎた哀しみの情が妨げとなる。

霊は脾臓を主どる神であり、湿るにつながる。思い込みが妨げとなる。乏しきを憂えずとし、神に憂いはないからである。

精は腎臓を主どる神であり、恐れすぎることが妨げとなる。退くことを恐れない。

このように人の情にとらわれ過ぎず、己を虚しくしてこそ神籬建ち磐坂が建つのである。

已而《すでにして》、天孫の徳立ち、威《おごそか》立ち、祚《ひもろぎ》立ち、治《まつりごと》立ち、貢ぎ立つのみ。五立つに序有り。徳立って威立つ。威立って祚立つ。祚立って治立つ。治立って貢ぎ立つなり。

【意訳】

天つ神からの徳の全てを修め備えた後は、人望篤くして威厳ある姿となり、日嗣の位が立ち、正しき政を行って貢を得ることとなる。徳と威と祚と治と貢の五つがすべて成り立つようにするには、やるべき順序がある。まず徳が具わってこそ威信を得られ、威信があってこそ日嗣の位が成り立ち、日嗣が定まってこそ政を行うことができる。正しい政が行われれば貢は集まり国を守っていくことができるのである。

・天孫の徳　天祖に始まる天つ神のはたらきは、七代七世の天つ神から地（くに）つ神と人に降る。地つ神と天界の両方のはたらきを仲介するはたらきを天照大神といい、天孫の徳は天照大神から伝わり降る神徳をいう。

・徳を立つ　この神徳を受け継ぐことを神籬を立て磐坂を建てるという。天皇とはこの役目を負う。

・威　天皇は威儀を以て祭儀を摂り行わねばならない。

・祚　神から授かる福禄、喜び、幸いのこと。ソ、サイワイと訓む。神徳を戴く天皇の位は人として最高の幸せであるため宝祚、宝位と称される。

・治立つ　世の中を平穏にし、実りある地として治めること。

・貢立つ　天皇が偏り無い政治を為し、平穏な暮らしを得られれば人々は貢によって政治へ貢献するということ。

・五立　全ての元に徳が必要であることを教え立てる順序の大切さをいう。徳が欠ければ威信を保てず政治は乱れ、ひいては民を苦しめ、権威を失う。天皇位に限らず、人の道が成功へ至るには五立の順序があることの教え。

徳無きの威は威を害《ころ》さむ。戮《ころ》さざれば得られざらむ。君子の用いるところにあらず。

威無きの祚は、婦祚なり。諛《へつら》わざれば得られず。丈夫《ますらお》の用いざる。

祚無きの治は盗治なり。偸《ぬす》まざるときは得られざらむ。義者の用いざるところなり。治無きの貢は却《かすむ》るの貢なり。奪わざるときは得られず。仁者の用いざるところなり。貢無きの徳は虚徳なり。不陰《いつわらざる》ときは得られざらむ。實人《まことのひと》の用いざるところなり。

【意訳】

徳のない者が宝祚を継ぎ政治を行えば人々は従わず本来の威厳を損ねる。逆らう者に対して過酷な刑罰を以て殺し従わせようとする。これは君子の為すべきことではない。威信無き者が位に即けば、臣下に諂うこととなる。武に長けた壮健なる君子の態度ではない。また正しい皇位を得ずして治める者は盗人であり道理に外れた行為である。正義ある政が行われないときは人々の貢を強引に奪うことになる。それは仁無き者の行いである。人々が喜び進んで貢ぐことがなければ、偽りの徳である。貢が無く政を行えるというのは偽りであり、実際には貢ぎ物を倉に隠していることになる。誠実な人のすることではない。

徳は位の本なり。先に之を修むるなり。貢は位の末なり。後で之を修《おこな》う。

威と祚と治は位を晳《あきら》かにし、央《なかごろ》之を修むるなり。是れ王者の五立なり。


【意訳】

先に徳があって五立が成り立つ。徳をまず先に修めよ。貢を得るのは正しい治世の結果である。始めに徳があり、徳に基づいて法があり、法が本であり貢は末である。徳を修めた後に威と祚と治は順に仕上がり、天皇の位は明らかになる。それが王が徳を以て国を治める道である。


臣庶は徳立ち、身立ち、家立ち、官立ち、財立ちの是なるのみ。

五立に本末有り。本に従《つい》て成るなり。徳は身の本、身は家の本、家は官の本、官は財の本、皆君子の修むる所なり。

小人は本を失い、末を索《もと》むるものなり。

是　梢を栄《しげら》せむとして以て根を断つが如し。偏者《かたよるもの》は本《はじめ》に楽《よろこ》び　末に厭きるものなり。是　衆《もろもろ》を愛しむに以て國の沢《うるお》いを悪《きらう》が如し。皆君子に非ず。

徳は國の道の體なり。財は是れ國の道の用《はたら》きなり。共に君子の庸《もち》いる所なり。

財行を知りて徳行を忘れるは、父を悪《にくみ》て友を愛するが如し。君子は之を為さず。

徳行を知て財行を忘れるは、食を取りて衣を伴《すつ》るが如し。君子は之を好まず。

皆《ことごと》くを立《おこし》て國の為に中《かたよらざる》を為し、一を廃して闕《かく》ると為し、偏りと為す。國の中は能く國を理《おさ》め人を理むるに任えむも、闕《かく》こと偏ることは國を理《おさむ》るに任《たえ》ざらむ。実に身を修むるに非ず。

　五の立は五形の如く、一を欠く則は行われざる故に、皇天は五立を立《おこす》のみ。

是　臣たる者の五立なり。

【意訳】

官吏と庶民はまず始めに徳を身に修めて一家を成し、勤めの役目を得て財産を築くに至る。徳と信用と家庭と立場と報酬の五つを立派に得るにはこの本末の順序を守らねばならない。

徳は人としての本である。人徳は家庭を守る本であり、家庭の信用は公職に務める本であり、公職で成果を出すことは財を得る本である。このように順序よく身に修めてこそ君子である。器の小さな者はこの基本を忘れ、結果だけ欲しがるものだ。それは梢を豊かに茂らせようとして根っこを伐るようなものである。

偏る者は始めに楽を求めるがそのうち厭きてしまう。自分の物欲ばかりで国の皆が豊かになることを嫌うようなものである。君子のすることではない。

徳は国政の柱である。財はその結果として成るものである。君子は徳を持って政を行う。金儲けに偏って徳を忘れるのは、父親を嫌いながら友人を愛するようなものである。君子はそのようなことはしない。

徳を修めて国と民が潤う方法を忘れるのは、食事だけして衣服を着けないのと同じである。君子はこれを好まない。すべてに配慮し、偏りなくほどほどを選ぶ。

一つに固執し他を欠いては偏りとなる。国はまんべんなく適材適所に人を配し、それぞれが役目を果たすことで成り立つ。不足や偏りがあっては国政は滞る。それでは徳を修めたことにはならない。

五を立てるは五鎮のはたらきと同じである。一つが欠ければ神ははたらかず五つが伴うときのみ成る。官吏と人々の生きる道も同じである。

國家は五の中に立て続く則はまた、続くことを得む。

五を立つることは王《おおきみ》と臣《おみ》とに在《あり》て象《かたち》を異にし理を一《おなじ》にするときは、また王は祚《くらい》の為に之を修め、民の為に之を力《つと》め、臣は王の為に之を修め、家の為に之を力め、共に己《わたくしごと》に非ざるなり。

五を立つる日に顧みて修《おこな》い以て之を続《つ》ぐ則は國は治まり、民は安らぐに又、続き絶えざるなり。是れ聖君《ひじりのきみ》と之の賢臣《かしこきおみ》と然りして、聖き道を行うと道《い》うなり。

【意訳】

国家は五を修めて立てるときは永く続くことができる。

王と臣（官吏）、人々ことごとく、立場は違えども同じように五を立てねばならない。

王は位を継ぐ為に五立を修め、民の為に努め、官吏は王に事えるためにこれを修め、それぞれの家族の為に努め、共に私利私欲のために行うのではない。

五を立てる日の初心を忘れずに行い、それを続けていくとき国は治まり、民は安らぎ、それは永く続き絶えることはない。これを聖君と賢臣による聖き道という。


焉《これ》、世界を成《とげる》本と道《い》う。之を世界の要の道と謂う。

五鎮《ごちん》の教えは教えの中の至教《きわめのおしえ》、学の中の至学《きわめのがく》なり。所以は何ぞ、ただ五鎮の学のみ有て、独り内神《うちつかみ》に儞《かな》いて外神《かみがみ》に応じ、内気に秤《かな》いて外気に応じ、以て理を尽くし事を尽くす。而して五立の徳を圓《まどろかに》ろかにするなり。


【意訳】

これを、世界を平和に豊かに仕上げる本の道、また要の道という。

五鎮の教えは教えの中の教えであり、学の極めである。なぜならば、人と神の関係を明らかにし、徳からなる道理と道義によって人の生きる道を解き明かし、また五つの徳が和となって、世の中とそれぞれの人生がしあがることを説いているのは、この五鎮道のみだからである。

《資料1》　五鎮と五五の展開

神　秘　魂　魄　精　霊（一霊四魂）

心　恵　覚　義　敬　信（一心四心）……仁《いつくしむ》　智《しる》　義《つつしむ》　礼《うやまう》　信《まこと》（人）

理　縁　生　極　易　定（一定四理）

気　終陰　小陽　限陽　大陽　大陰（一濕四気）……暖　熱　冷　寒　濕（体）

境　目　耳　鼻　口　陰（一口四管）……肺　心　肝　腎　脾（五管）

第二　貞　境

境《みのえ》を貞《ただ》すに道有り、見えざること無くして見ず。聞こえざること無くして、聞かず。嗅《か》がざること無くして嗅がず。食えざること無くして食わず。婬《まじわ》らざることと無くして婬《たわけ》ず。

目は物を見て境界を立つるの境《みのえ》なり。色を好んで境界を倒《みまちがう》ことによって之を見ざるなり。

耳は理を聞いて世間に立つ境なり。妄りに入れて世間に倒《さからう》故に是れを聞かず。

鼻は気を通わし生涯《いのち》を保つ境なり。愛でるに入れて生涯《いのち》を損なう故に之を嗅《か》がず。

口は穀を食し身命を養うの境なり。美《うまさ》に恣《とらわれ》て身命を破《こわ》すによって食せざるなり。

陰《ひそかぐち》は　義《ただしき》を娶りて子孫を嗣ぐの境なり。欲しいままに耽って、徳行を失う故に之を婬《みださ》ざるなり。

是　五境を貞すの麁《おおまか》な貞しさなり。

【意訳】

境を元の正しさに置くためには、見たいからという思いのまま勝手に見るのではなく、聞こえるし聞きたいからと聞くのではなく、嗅ぎたいからと嗅ぐのではなく、食べられるからという思いのまま好きに食べるのではなく、自分の欲情にまかせて交わるために行ってはならず、つつしまねばならない。

目は正と邪を見極めるためにあり、自分の好みや思い込みに偏って見ては判断を誤ることになる。思いのままに見てはいけない。耳は物事の是非あるいは善悪を聞き分けるためにある。無自覚に聞きかじり、世間に逆らう事柄に気づかず判断を誤ってしまうことになるので、耳に入るものすべてをむやみに聞いてはならない。

鼻は呼吸し心身を清く健やかに保つためにある。好きな匂いだけを嗅いだり求めたりせず、自然の香るままに委ね、求め過ぎないようにしなければならない。口は主食を食べて我が身を養うためにある。美味さに負けて好きなものを食べ過ぎれば病を得ることになる。必要以上を食べてはならない。

陰は夫婦の誠実を証し立て、互いの信を確かめ育てあい、子孫へ継ぐためにある。一時の欲望に流され欲に耽り、信無き婬らなことに用いてはならない。

これが五境（目、耳、鼻、口、陰）を貞すおおまかな修めかたである。

節《きまり》の置《とどむる》ところを虚《から》に帰《もど》すなり。

境の有る則は入ること有り。也、境に咎無く、入れるに於いて咎有り、故に入れるを以て節に置く。節を得て之に入る則は入るも亦、咎無し。

其れ、咎有るは是凡者《おろかびと》なり。其の咎無きは即ち賢者なり。咎無きに至て又、気無きこと能わず、其の気、還って咎を作さむ。

彼の気は野《つたなき》ことまた、咎よりも甚だし。是を以て聖者の行いは咎無きを用い、虚に帰し気をして永く絶て、其の行をして前後に咎無からしめむ。是れ、五境を貞す《たたし》の細《くわしき》貞しさなり。

【意訳】

境は常に神座のように「虚」に戻しておくべきである。境は境界であり、出入りするところであるが、境そのものには咎はない。人の思いによって過ちとなる。ゆえに入れるに決まりを置き、その決まりに順って入れれば過ちとはならない。

その過ちを犯すのは凡人（おろかびと）である。咎の無いのは賢者である。気は常にあるが、気そのものに咎があるのではない。気が変質することによって結果としてそこに咎を為すのである。凡人の気は荒く怒りに溢れ咎そのものより激しい。ゆえに賢者は常に境を虚に戻し保ち、悪気の入るのを絶ち、その行いを咎無きものとする。これが五境を貞す細かき修めかたである。

我をして天《たかあまはら》たらしめ、天をして我たらしむるなり。

虚に帰れば徳も無く、功も無し。無為にして空に入り、或いは路を差《たが》えて路を断つ故に天の道は窮《ゆきづまら》ず。

天は是れ無為にして度《はかり》、政《まつりごと》の維《これ》を正す。虚に帰《もど》るを以て天に入り、政を度《はか》るを以て己に入る。

是れ、聖者の行うところにして神人《かんつびと》の道なり。是、五境を貞しくするの上の貞しさなり。


【意訳】

神の心をわが胸に置き、俗世の欲から離れ、我と神と一つと為す。そうして虚に戻れば、徳も功績もない。ただただ一つとなって空に入り、邪を捨て、欲から離れ、正しき道へ入っていくので行き詰まることなく進みいき、天の道を果てしなく昇ることができる。

天は無為であり、ただそのはたらきが自ずと正してくれる。よって己を虚しくすることによって天に入り、己を正され、我に戻ってくる。

これは聖者の行う神人（かんつびと）の道である。これは五境を貞す上の位の修め方である。

・我をして天たらしめ　天をして我たらしむるなり。

己を虚に戻し、自我を捨てて無為の天と一体になれば、天のはたらきに融けて正しい己になるという意味である。知識や徳や立場など人間社会での勝れた価値は必要なく、ただ一心に虚になり天を思う、さらに思うことも止め天と一体になれというのが「境」を貞（ただ）す最上の方法だというのである。虚しくするとは欲を絶ち切った状態で、さらにそこに気負いもないのが虚である。そうするには、「天の無為」と同じように「自分が」という思いを止めて委ねよと諭している。

第三　養気

気を養うに又道有り。血の昇らむとするときは之を降ろす。
筋の張らむとするときは之にくつろぐ。
息の荒れるときは之を平《おさめ》む。
肉熾《にくさかん》なるときは之を和らぐ。精の伐《ほこ》らむとするときは之を鎮《しずめ》む。
血は是れ小陰にして、心の迫るときに昇り、理に復すときは降《くだ》る。
筋は是れ終陰にして、情の怒るとき張り、仁に復せば則ち緩む。
息は限陽にして気の溢れるときに荒れるなり。義に帰《もど》るときは平《おさ》まるなり。
精は是れ大陽なり。発らむとするときは熾《もゆ》るなり。貞に帰すときは鎮まるなり。
是れ、五気を養う奄《おおま》かの養《やしな》いなり。

【意訳】

気を正しく調えて保つにはやり方がある。血が昇るときは降ろさねばならない。緊張で筋が張るときは、やわらかくほぐさねばならない。呼吸が荒いときはゆっくりと静めなければならない。肉体が激しく熱り昂ぶるときは鎮めなければならない。

血は小陰のはたらきであり、感情で心拍が乱れると昇り、つつしんで冷静になると降る。筋は終陰のはたらきであり、怒りに任せれば張り、相手をおもいやる心を取り戻せば緩む。息は限陽のはたらきであり、雑念や妄念に固執したり思慮が足らなければ呼吸は乱れて過剰となり、自己をつつしむことによって平常に戻る。肉体の盛んなることは大陽のはたらきであり、もてあますほどに激しい衝動は大切な存在への誠実な想いを思い出すことで鎮まる。

これは、五気を養うおおまかな修め方である。

・養う　心と身体を正しく調和させつなぐことをいう。この場合の気は、空気ではなく神のはたらきをさす。また気づまり、気をもむ、気が滅入る、気をつける、陽気、陰気、気が気でないなど精神状態を表わすときにも用いるし、確かな原因がわからない時は「気がする」という。そのように現象として顕われるその原因、元を指す。

・肝臓、心臓、肺臓、腎臓、脾臓の不調がどのように顕れたかを、血のめぐり、肉体のこわばり、過呼吸や無呼吸や激しい動悸、過度な性欲などの変調をあげて教えている。これは偏った精神状態が魂（五臓中主神）のはたらきを妨げている症状が臓器に表れたもの。人の道の仁智義礼信を欠くことが肉体を傷めることにつながり病気の原因となる。病気をしないためには人間の身体と心のつながりを知り、ひいては魂がはたらいていることを自覚することである。病気は肉体的に治療を施すだけでは根本の治癒にはならない。正しい養生のために身体の元々のはたらきを諭している。

腹に復《また》、虚《そら》を呑み、清を呑んで人の仁《おもいやり》、人の義も無《おさえ》くす。

気は是れ、天の気を稟《う》けて度《のり》の行いを以いるなり。人の好みに随って諸縁に憑《かか》りて、時に非ずして発るものなり。

仁義は能く之を理《おさ》め、理めるを以て情を終えず。是れ人の仁、人の義は情に隣《ちか》き所以なり。故に、聖者は仁義を腹に入れ、虚を以い、精きを以いるなり。然り之を入れるときは有為の小仁、小義は忽ち象《かたち》を更《あらた》めて、即ち無為の大仁、大義と為して仁義を離して仁義に尼《とど》まるなり。是れ五気を養う細かやかさのみちなり。

【意訳】

深呼吸をし、人の情と思いから全く離れ、思考を止めて、清き天の気の中に入り一つとなるごとく融けいる。

気は元々は天のはたらきに沿うもので偏らない。人の好き嫌いに触れることで、気の質は変わり、その都度動いていく。人の仁、義（小仁、小義という）を守っていても、人には情があるので神の仁、義にはほど遠い。そのため聖者は人として仁と義を固く守ることは当然のこととし、その上でその仁と義をも消して己を虚しくして揺るがないように固める。そして天の気と一つ、つまり神と一体になることで、神の恵みと誠

（大仁、大義）を得る。これが五気を養う細かな修め方である。

道を帰し造化に置き、気を元に安き、弘きを極に逮《およ》ぼし、身を天に於いて満たざること無からしめむ。

虚腹清胸《こふくせいきょう》は道を成すの象《かたち》なり。道霊造化は道を成す眞《まこと》なり。象を得て道の咎を解《ほど》き、眞を得て道の極を致し、気を元《はじめ》に安くときは天の元に安らぐなり。

弘く天極に安《お》くときは、自ら極は天と為り、ここに至って洪《ひろ》く気は身に満ち、天に満ち、ここに造化を身に入れ、天の度《のり》も我に任すとならむ。

是　五気を養う上のみちなり。

【意訳】

神のはたらきに順って気を元々に戻し、広々として拡がりまた極まる、そのはたらきの中に身を委ねると、天の気に満たされて生きることができる。

人の情を離れ、己の内側を虚しくし、清き天の気で満たすことが神の道の歩きかたである。その道を行くときに神がはたらき人は真を覚る。その結果、人は過ちから解き放たれ自由に安らいで、ただ始まりの時のように在るのみとなる。

天の法則にしたがい、はたらきに任せて生き、身も心も神のはたらきで満たされ、我が行く道は天の公と等しくなる。これが五気を養う上のやり方である。

・虚腹清胸　目を瞑り深く呼吸し、私事と私情一切から離れる。身体の重力を意識せず、何かを願ったり念じたりすることからも離れる。そして、そこに一切の邪気が消えたときに天の気を入れることができ、この世に生まれる始めの時の清さに戻り魂のみが躍動する状態になる、その方法である。人の道を極め、極めという到達点すら消えた域へ至ることであり、人としての理想のあり方。人間ゆえの苦悩を超えるための原点、最上の道を諭している。

第四　明理

理を明《きわ》むるに道有り。縁《てづる》来るときは之を貞《ただ》し、物生まれるときは之を照らし、理極《きわ》めるときは之を公にし、易《かわ》るに至るときは之を正し、定《うんめい》に臨むときは之に慎むなり。

縁に善悪有り、善に憑いて悪を避けむ。生に是非有り、是を取りて非を捨てむ。極に中と邊《かたより》有り、中を納《い》れ邊を遣《や》らむ。易《かわる》に邪と正有り、邪を退け正を進めむ。定《さだめ》に常と変有り、常に止って変を去らむ。

憑《よ》る、避けるとの妄《みだ》れ無き之を貞《ただしき》と謂う。取と捨と昧《くら》むこと無きを照と云い、納と遣と私無きを之れ公と道《い》う。進と退との曲《ひずみ》無きの之を正《まさごと》と言う。止と去との忽《ゆるが》せにすること無きを慎《つつし》みと曰う。

之の五の理を審《つまび》らかにするときは、身終わるも悔いること無し。是　五理を明かにする庵ましの明《みち》なり。

【意訳】

正しき理に沿って行うためには踏むべき順序がある。初めの起こりは縁（てづる）によるのでそれが正しく道に合っているかを見極め、そこから発した事をよく考え調べ尋ねて行い、その事が公に照らして正しいかを確かめ、いよいよ極まってきたら、そこから転じ発展し正しく定まるように見極めねばならない。そして定まったら、その結果を慎んで直視する。

縁には善悪があるので、善を選び悪を避けるようにする。生じてくるものに是非があるので、是を取って非は捨てることだ。極まりには中と偏りがあるので、中を取り私情を挟んで偏らないようにする。易わるに正しきと邪があるので、邪を避け正しき方へと進む。そして定めに常と変とがあるので、常を取る。途中、道に外れて定まれば変となる。そのとき非や悪があれば改めるようにする。この定に随って次の縁が起こり、生、極、易、定と続いていくので、定の時に事の是非また善悪を明らかにしなければならない。都合の良し悪しで事実を曲げて、たとえそこから逃がれようとしても理の流れは、またその行いから発していくこととなる。

憑る、避けるという偏りを自分の中から無くすことを貞という。取るものと捨てるものを間違えないことを照という。納まると遣るに自分の欲を入れないことを公という。進むと退くことをもめずに速やかに行うことを正という。止めると去るとをなおざりにしないことを慎みという。（これらは物事の進展は常に善を起点とし、逸れればまた善と正しきに戻すことが重要であることを諭したものである。理とは厳然とした法則なので、人の思いで免れられるものではないということ。）

この五つの理をはっきりとさせて行うとき、悔いなき生涯となる。

これが理を明かにするおおまかな方法である。

沖莫《むなしく》して道に復《もど》り、寥泯《わたくしをなくし》て圓《まどろか》に入る。

心と我を沖莫に帰《もど》さしむるときは永く人の好みを離れて、理に照らして分明なり。私の情をして寥泯に入らしむるときは遠く人の偏りを出て、理を紛《まぎ》らすこと

無し。

道は虚莫無為《むなしくしてなすことなし》の象にして是　無私の極なり。圓《まるき》ときは徳として之に具わらざること無し。号《なづくる》に是を迷無《まよいなき》の地という。人として私の迷無きは君賢のみ。共に心の源を標《めざ》して修《おこ》なうときは悟り、此の界に入らしむ。

是　理を明かにする細かきの明《みち》なり。

【意訳】

自我を遣って私を無くし、天祖の道に戻り神に融け入り、全きはたらきのなかに存在する。その心と己をその始めの、かたよりなき世界に帰すときは、人情の惑いから離れ、理に沿って正しく見極め行うことができる。私を無くし人の世の偏りから離れれば、理を変えて乱れることはない。このやり方は無私の極めであり全うすれば徳となり迷い無き地という。この段階に至ることができるのは賢人のみである。その人と共に神の心を抱きて道を求め続けるときはこの悟りに達し、迷い無き境地に到達する。これが理を明らかにする細かきやり方である。

物に必ず限《かぎり》有り。理には必ず中有り。我を遣って天に泥《とど》まり、天と體《なつ》て事を行う。

物は無限にして一つ一つ為り。一つ一つに皆必ず限り有り。限り有るものは皆くに端《はじめ》有り。端《はじめ》有るときは中有り。是れ即ち天の道なり。

人、必ず私《えてかって》の我を遣《や》るときは道我に来って之に代らむ。今又、我が道を遣って之に代わり天を留《とどめ》む。

我が意見をして天方の大公《おおきみ》たらしめて事の理を分かつ。

是　理を明むるの上の明《みち》なり。


【意訳】

人の世の事には必ず限界がある。理を正しくしていくには、偏らず中を取るべきである。私情を無くし天の道に入り、神と一つとなって行うことである。

物事は数限りなく生じ、一つ一つに限界がある。そして限りあるそれらに皆、始めと終わりがある。始めあるものには偏らないほどほどの「中」がある。これが即ち天の道である。

私の情を無くし自我を入れずに行えば、道はおのずと開け天と一つになって道を進むことができる。そうして行った道は天の道である。

天と一つになった我が意見は、天の公に通じるので理に沿って正しく事を成すことができる。

これが理を明らかにする上の修め方である。

第五 修心

心を修むるに道有り。慈和《いつくしみとやわらぎ》に帰《もど》し還らず。叡識《ふかきさとり》に開いて閉じず。慚忍《はじをしのぶ》を堅めて緩めず、恭節《ふかきうやまい》を正して乱さず、誠実《まこと》に入って出でざるなり。

慈《いつくしみ》は體にして和は用《はたら》きなり。心は之れ慈しみ、事は之れ和《やわらぎ》、帰は悉く還るなり。是れ仁に帰すなり、何ぞ又、不仁に還らむや。

叡《さとり》は體、識《ちえ》は用きなり。心に敏くし知を記《しる》し開くは、生まれながら閉じるを以て之を啓《ひら》くなり。是れ知を開くなり。何ぞ愚に還りて又、之を閉じむや。

慚《はじ》は體、忍びは用《はたらき》なり。心に之を羞じ、情に之を堪え、堅《かためる》は固からざるを固めるなり。是義《つつしみ》を堅うするなり。纔《わずか》にも之を怨《ゆるが》せにすべからず。

恭《うやうやし》きは体、節は心の用なり。恭を以て行い節を以て正し良く雅《しとやか》にす。

是また、礼を正すなり。豈《どうして》須臾《しばらく》も儀を猥《みだ》さむや。實は体、誠は用なり。心の徳は実にして、跡の状《ふるまい》は誠なり。入は内のかなめなり。是れ信に入るなり。焉《いずく》んぞ拙《つたな》くして之を出でむや。是れ五心を修むる麁《あらま》しの修なり。

【意訳】

心を修めるにはやり方がある。元の慈しみと和みの気持ちに戻り、それを続け、智慧と知識を高めてなおそれに凝り固まらず、つつしみと忍耐を覚えて守り、敬いと礼を重んじて行儀正しくし、真心をもって行い続けることである。

慈しみは心の質であり和みはその結果である。心は慈しみ、事は和らぎ、すべてはここ（神の心）に帰し、すなわち仁となる。どうして仁から外れようか。

叡（さとり）は物事の本質を知ることであり識は覚え身についたものである。心をよくはたらかせ深い智恵に至るのは、初めは何も知らなかった者が、その魂に導かれ真の智を得るからである。なぜに愚かなところへ戻ってこれを失ったりしようか。

慚（はじ）は質であり堪え忍ぶのは、そのはたらきである。心にこの羞じることを覚え、感情のままにせず、堪えて固めていくことである。これを義を堅くするという。たとえ些細なことであっても気ままにせず大切に向き合わねばならない。

恭しきは質であり、節は心を形として表すことである。それを一つにして優雅に行うことが正しい礼儀である。気を抜いたり形を崩したりしてはならない。

実（まこと）は質であり、誠ははたらきである。身についた徳が実であり、その人の誠はふるまいに表れる。徳を身につけることが大事であり、その実が未熟であればどうして誠を他に示すことができるだろうか。それでは誠があるとはいえない。

これが五心を修めるおおまかなるやり方である。

・五心　五鎮は神心理気境の五つから成り、そのうち「心」はさらに五つにわかれ五心となる。この五心が人に降った段階で仁智義礼信となり五常という。この常なる心を以て行うことを五行といい、それを極めていくのが人の道であると諭している。

・識　もろがみとも読む。知をはたらかせる。

ことごとくを延《ひ》て無為に入り、推して意《こころ》、志、情《よせごころ》、識《おぼえる》と、推すべくも無くして休《や》むなり。

五心を率いて空莫に内《おさ》め、馳《かち》る心、標《あらわ》す心、成心を知りて、之を推して之を絶ち以て寥然として物を無《なみ》するときは、道に合って道は我を空にす。

是れ五心を修むる細かなる修《みち》なり。

【意訳】

これら全てを行った後、ついに私を虚しくして無為の境地となる。その域では意志も情も知識も無用である。ただ五心を修めて虚に入り、焦りや自我や功名心を抑えて無くし無欲に達したとき、道を実感し我を空にしてそこに留まる。

これが五心を修める細やかなやり方である。

天の圓《まるき》は衆霊の象を彰《あらわ》して明き圓《まる》為り。以て善の元を募って終るなり。

心の性《うまれでどころ》は、元は明かなり。徳は皆之を具《そな》う。是れ即ち善の体にして万法の基《もとい》為《な》り。是は伊《これ》先天已来《いらい》、皇天《たかあまはら》の体為り。之を露わすが修徳なり。修得し以て退かず、焉《これ》を終《とじ》ること、是れ修心の上《このうえなき》修《みち》なり。

【意訳】

天はもろもろの神秘な霊の姿を表わし明るく円かなるものである。これは始めも終わりも善で閉じ、円となるからである。

人の心は神の心から生まれ、元々明るいものである。徳にはみな神の心が含まれている。その心は神の本質でありはたらきである。この明るく円らかな心のままに生きることが、徳を修めることである。心を修めて固く守り善のままに円を描くように居続けることが、心をととのえる上の修め方である。

第六　正　神

神を正《まさごと》にするに道有り。喜びても神《あけみたま》は喜ばず。怒りても魂《あおみたま》は怒らず。憂えても魄《しろみたま》は憂えず。思いても霊《きのみたま》は思わず。恐れても精《くろみたま》は恐れず。

喜怒憂思恐は人情の常にして未だ無きこと能わず、是れまた、諸情《ひとのおもい》を束ぬるなり。神《あけみたま》、魂《あおみたま》、魄《しろみたま》、霊《きのみたま》、精《くろみたま》は、人識の有にして之れ尽きること無し。是れまた、衆霊《ひとのすだま》を摂るなり。

是　五臓の主、五臓の気なり。皆焉《これ》　心に記さるるなり。

神は底に在り。情は表に在り。一《おなじく》同品に通じ、之を節するときは其の表に表れて止む。節せざるときは底に透りて味《くら》み、また表にて止むときは神の明《あかるさ》を失わずして、神、心、理、気、境とは、徳に在《とどまっ》て、以て政を正すなり。

透《とお》りて底なるときは、神は漂って明を失いて、神、心、理、気、境は徳を離れて政を乱すなり。

故に聖人は情《おもい》を用いるに節《きまり》を以てし、神を立つるに徳を以てす。　是　五神を正《まさごと》にするの庵《おおまか》なる正しかたなり。

【意訳】

五臓を主る神が正しくはたらくようにするにはやり方がある。その内なる神は喜怒哀楽の情は無く、人が喜んでも喜ばず、怒りても怒らず、憂いても憂えることなく、思い悩みても悩まず、恐れても恐れることはない。

喜ぶ怒る憂える思う恐れるという感情は、人にはあたりまえにあって無くすることは難しい。それはさまざまな思いの原因となる。神、魂、魄、霊、精という五臓にある神のはたらきは、この思いの影響を受けないことはなく、それはまた霊魂にも影響する。この五臓の神のはたらきは、人の気と心に表れるものである。

神は奥底で鎮まり、感情は表に顕れる。感情を律してつつしむときは、はたらきは常に表に昇り五臓を守っている。感情に流されるときは、神は底に沈んだままはたらかない。また神と人とが一つ心であれば、神のはたらきのままに明るく健やかでいられる。そして、神、心、理、気、境はすべて善につき徳となり人を導く。

底に沈んでいるときは神は漂い人は明るさを失い、神、心、理、気、境は徳から離れて人は道を誤ることとなる。そのため、聖人は感情に流されないようにし、神にはたらいていただけるように徳を修めるのである。

これが五神を正しくするための、おおまかな修め方である。

・魂（あおみたま）は肝臓、胆嚢にはたらく。怒気と関わる。
・神（または秘、あけみたま）は心臓、小腸、耳にはたらく。歓喜と関わる。
・霊（きのみたま）は脾臓、胃、口にはたらく。思慮と関わる。
・魄（しろみたま）は肺臓、大腸、鼻にはたらく。憂い哀しみと関わる。
・精（くろみたま）は腎臓、膀胱、陰部にはたらく。恐れや怠惰と関わる。
・人は、その肉体は地つ神に属し、その魂には天つ神の（五心）を宿す存在。

霊々として空に則《のっと》り、明々として無に體《のっとる》なり。神の體は是れ霊《あやしき》なり。神の用《はたらき》は是れ明るきなり。神の徳は是れ空なり。神の行いは是れ無なり。故に聖者は五心の霊を立て、五神の明《あかるさ》を恒《つね》にして其の霊に入り其の無に止るなり。

是　五神を正《まさごと》にするの細かき正《みち》なり。

【意訳】
五臓の神は空であり、輝かしくも目に見えず、その本質は霊しきはたらきである。明るく善そのものであり、無為無私で、その徳はただ在るのみである。ゆえに聖人は自らの行いを、五心のはたらきに委ね、五神の明るさが損なわれないようにし、霊しきのはたらきに従い、無私に留まる。

これが五神を正しくする細かな修め方である。

威《いきお》いは雙曜《ふたびかり》に及び徳は五星に及ぶ。天と地とをして之に有らしめ、陰と陽とをして之に成らしめるは是れ日と月の威《おごそかなはたらき》なり。

五行をして之に有らしめ、五気をして之に成らしめるは又、五星の徳の明なり。

其の象《かたち》はまのあたりに有って、量者の有に非らざるなり。

其の極は沖莫にして空者の莫《なき》に非ず。其の有莫《ありなし》の際《あいだ》は之いい難し、見聞思徹して之を得、遂に取りて己《おのれのもの》と為す。

是　五神を正《まさごと》するの上の正しかたなり。

【意訳】

この五神は日と月とつながり、徳は木火土金水の五星に及ぶ。天と地のはたらきを受け、人は陰と陽のはたらきを有することができる。

五行を正しくすることによって五気もまた正しく成り、それはまた五星が及ぼす明るさのように輝く徳となる。これは人の思いつきではなく事実である。

神人一体の極めは、無私無為にのみある。目に見えないものは測りがたく言い難いので謙虚に慮り、事実と経験を重ねて学び到達する。そして神のはたらきを実感するのみである。これが五神を正しくする上の修め方である。

・日月、五星　天体と自然の動きが、人の心と体に密接に関わることを諭している。これを実感するには私情を無くし、神と一体となれということ。

第七　五　五

一を獲《え》て以て得るといえども、五は五つ有って窮《きわめ》む。単《ひとえ》に獲ると雖も、しかも重ね重ねを得るを以て理を尽くす、是なるのみ。

鎮道《ちんどう》は五を得て、道は已《すで》に窮まるなり。然り以て爾と雖も未だかつて其の有を尽くさず。宗《もと》の旨の一は一として理め又、窮まりぬ。然るに又、是の如く更に余り無きことを能《よ》くせず。故に底を探って五つより五を出し、密《かく》るを押して重々を露《あらわ》すも、皆天有にして人解に非ざるのみ。

唯《ひと》り五を修めて未だ五々を修めざるときは、其の間に闇《くら》きこと有り、従って闇は迷を発し猥《みだれ》を発すなり。迷は心を昧《くらま》し、猥は身を汚すなり。

唯、単《ひとえ》を修めて重々を修めざれば其の間に迷い有り。迷いに従って僻《ひがみ》を発し非を

発すものなり。僻は心を曲ぐるのみに非ず、身を恣《ほしいまま》にするなり。心昧《くら》くし、身を汚し恣《ほしいまま》にするときは、永く眞極の路を閉《とざ》さむ。

【意訳】

五鎮のうち一つを知り得たとしても、五鎮は五つはたらくことによって窮まり、はたらきと成るのである。五五を知らなければ天の理を知ったことにはならない。天のはたらきは五つを一つとして成る。しかしながら、このように完結して成ることがわからない。奥まっているところにある五つがさらに五五となって表れるのが天のはたらきであるが、人知でははかりしれないのである。

ただ五つを知っただけで、五五を学ばないならば無知の迷いに陥ってしまう。迷うことは僻みや偏りの原因となり、心を乱し過ちをおかすことになる。単に一つを知ったただけでは理解できないことが出てくるので迷い、迷えば疑いを生じ、自信を無くして僻みをおこすことになる。僻みは判断を誤らせ、また身勝手な行動につながる。心を暗く乱して堕落しては、神の道を見失うことになる。

・ 五鎮道は、人において五教であり、五行として修める道である。

一を獲《え》て以て得るとは何ぞや。或いは宗《もと》有って神の一を以てし、又、心の一を以てし、或いは宗有って理の一を以てし、又、気の一を以てし、皆粗《あらきやりかた》にして宗を獲るなり。

五五にして窮《きわま》るとは何ぞや。唯、五鎮のみ全てにして精《あきらか》なり。況や五つに五有ることを竭《つく》さむや。此に至りて路を精《くわ》しく道《する》の是なり。

単《ひとえ》に獲て獲るとは何ぞや。或いは宗有り、麁《あらまし》の一《おなじなる》を以て又、細《くわしき》の一を以《もち》い、或いは宗有り、上の一を以てし又、麁《おおまか》を棄つるを以てし、皆、粗《あらま》しの宗を獲るなり。

【意訳】

五のうち一つを理解しただけでは粗いやり方である。五鎮は五に五を含んで五鎮の極めである。それを修めてこそ道として完結する。大まか、細かき、上とやり方があるが、それぞれがそれぞれのやり方のみを得て、他を捨てるのでは粗末なやり方に過ぎない。

・五五　五鎮が神、心、理、気、境の五つから成り、その一つ一つに五つのはたらきを含むことを五五という。五つにそれぞれに縦に五、そして横に五とつながり、それぞれに他の四を含む構造である。

重々《かさねがさね》にして以て尽くすとは何ぞや。細きに至で麁を棄てず、上に至で麁細《そさい》を用う。麁の罪は麁を以て之《そ》を断《ことわり》し、細の罪は細を以て断し、細き道は細を以て修め、上道は上を以て又修め、至らざるというところ無く偏倚《かたよる》ところの無きの是なり。

【意訳】

五五を重ねて尽すとは何か。細かきを修めておおまかを捨てず、最上に至って、大まかと細かきをも入れて用いることである。大まかのやり方の間違いは、それのみで足りたと思い込むことであり、細かきの間違いは細かきだからそれのみで良しとなすことである。細かき道は細かきまで修め、上の道は上まで修めて、これ以上はないというところまで全てを修めて偏りがないということでないといけない。

是の道とは也《また》何ぞや。五が五を重ね重ねなる是の道、是なり。

何為《なんぞして》　皇天、此の句に結びたもうや。

麁者《そまつのもの》は之を見て大過を誹《そし》らむ。細者《こまかきひと》は之を見て、紛　弘《とめどなくいりみだれ》と嫌いて、其の極を竭くさざらん。故に皇天の道は鮮《すく》なし。是を以ての故に、予め之に結で其の僻《かたより》を避けしなり。

諺に曰く。小々の一池を以て大々の萬海を嫌う。諺に曰く。洪洪の湊《みなと》は能く時を以て淡茲《これ》に出し、潮《うしお》茲に入る。海鱗《うみのさかな》は之を衆と嫌い、河魚は之を好んでも寡《すく》なし。

【意訳】

この道とは何か、五五の道である。なぜにして五鎮道にこの言葉を加えているのか。

おおざっぱな者は、これをやりすぎと誇るだろう。細かな者は雑なものが紛れることを嫌い、排除して極めとするだろう。だから五鎮道を理解して修める者は少ない。そのために、あらかじめここに五五を説き偏らないようにするのである。

世の伝えに聞く、小さな池の者は大海を嫌う。また世の伝えに聞く、大きな河口のある港は淡水と海水とが混じる。海水魚はこれを雑魚と嫌い、河魚は海水を好むものはあっても稀である。

第八　成　得

道に止《とどま》りて罷《やめ》ざるの者《これ》なり。五鎮、三重、修了するときは道を成すなり。道に止《とどま》りて道《したが》わざるに之《ゆか》ざるは、是　君子なり。

君子に四品有り、賢者《かしこきひと》、　聖者《ひじりびと》、　至者《なかつひじり》、　眞者《かんつびと》、是を四入《い》と名うなり。

既にして道を行いて道を得《さとる》は人なり。是れ先賢に学んで其の跡《ふるまい》、先賢の如く、或いは其の象《かたち》　一非《おなじにあら》ざるも其の徳、異なること無し。是れ斯《すなわ》ち君子たるか。

唯　記《おぼえ》通じても跡《おこな》わざればまた、是れ焉《これ》　詐佞《ざねい》なり。

之を学ぶの師と為すに足らず。学ぶ人　或いは識弁《しきべん》に惑い、師と為して之に学ぶときは習い学ぶも虚に零《おち》て、遂に實《まこと》を失い還《かえっ》て毒を生んで妄《みだ》りに入らむ。蕩《とう》々たる君子、唯　師と為すに足るのみ。

【意訳】

道を極め成すためには、学び続け途中でやめないことである。五鎮、三重（三才）を修め、極めれば道を成すことができる。道に留まり、外れないのが君子である。君子には賢者、聖者、至者、眞人とがあり、これを四入という。

人の道を行い、覚っていてこそ人ということができる。昔の優れた人の教えを学び行いを真似て、時代が変わり行う形こそ違え意味は同じであり、先人の真心を理解して行うのが君子のすることである。

ただ書を読み尊い知識を知っていても、先人の教えを実践しているのでなければ君子とはいえない。行いが伴わない者は、学びの師とするにはふさわしくない。学ぶ側がその人の知識や話し方に惑わされ、師と思ったとしてもそこに学ぶべきことはないので虚しく、実を見失い、かえって害悪となって道から外れることになる。穏やかで堂々とし、行いの正しい君子だけが、学びの師と仰ぐのにふさわしい。

堅《かたき》は賢《かしこ》きと成りて之に任《たえ》む。

道を堅くし人を敏《おごそか》にして積み成せば、是　堅人なり。是　欲垢《ほしみのあか》無く、迷いの塵無くしてのちに道に任えむ。

諺に曰く。知りて迷わず、初めて学びの仙《ひじり》を得て未だ差《たが》わざるを聞く。是れ学仙なり。焉を非なりと知りて又、之を作《な》し、焉を是なりと知りて之を作《な》さざるは、菟道《うじ》の才有るも是れ凡者《ただびと》たるのみ。知るに如《した》がい之を行って初めて賢位《かしこきくらい》に入る。非なることを聞いて未だに是《ぜ》と為す、是為《ぜなり》と聞いて非と為さば浪華《なにわ》の徳有りといえども未だ賢者《かしこきひと》ならず。初も後《おわり》も同じに聞く、是を賢者と為す。

【意訳】

つつしみ深く謙虚な心がけで学び続けることによって賢き人となる。

道に順って、謙虚に積み重ねていけば堅き人となる。我欲はなく、また微塵の迷いも無く向上していくことができる。

世の伝えに聞く。深い知識を持ち、迷い無く間違ったことも無いという人を学仙という。悪いと知りながら行い良きことと知って行わないならば、たとえ古伝の博学に等しい才能があっても凡人と同じである。学びを深めるにつれて、厳しく是非を見極め行ってこそ賢い人といえる。非であると聞いてもそれを認めず、良しと聞いても非として考えを変えないならば、古代の聖皇のような徳を積んだとしても賢い人とはいえない。初心を忘れずにつつしみ深く学ぶ心を変えない人が賢者となる。

・菟道の才　第十五代応神天皇皇子の菟道稚郎子。百済から典籍とともに来朝した学者の阿直岐と王仁に学ぶも、儒教はすでに神道の中に含んでいると論破した逸話があり、勝れた才能の持ち主の喩え。

・浪華の徳　浪華（難波）は、神武天皇が即位前に創建したと言われる難波大社のある処。神武天皇は神籬を建て磐境を建てるという神道の意味を解し、実践したので、高き徳の喩え。

亨《とおる》は聖と成りて之に任《たえ》む。

生まれながら賢にして、堅を能くし以て二元《あめつち》に通じて、積み成すは是れ聖人な

り。道の垢《あか》を無くし、我が塵《ちり》を無くしてのちに聖に任む。

諺に曰く。天の高きこと、地の厚きことを聞かずして、知了不《わから》ざると云うこと無く、習わざるに神物、人事を知り行わざるということ無き是を下仙《しもつひじり》と為す。生まれながら知って乾坤《あめつち》に通じ、自ら行いて人神に能《よくす》るの是を聖人という。亨《とおり》叡者《さときひと》を與《もっ》て是れ師と為すに足らんや、ああ、人者《ひとびと》の学ぶ所は此に至《きわまら》んや。

諺に曰く。当に限り無きを学ぶより、賢者に学ぶに如《し》かざるべし。当に限り有るを学ぶより、聖者に学ぶに如《し》かざるべし。

【意訳】

天と地と人の世の諸々に通じるには、深い智恵を得て聖になることである。

生まれながらにして賢く、謙虚で、天地に通じ神に学ぶ者を聖人という。世の中の不正に惑わず、人の身の穢れを無くして後に神の心を覚り、聖となる。

世の伝えに聞く。天地の法則をよく理解し、誰に習うということもなく神を敬い人としての礼を果たす、これを仙人という。

また、生まれついて天地のはたらきを理解し神に通じ、神人一体となり人の為すべきことを導く者を聖人という。このような叡智深くして覚れる者こそを師と仰ぐにふさわしい。これこそ人々が学ぶべき相手である。

世の伝えに聞く。人の世の諸々を学ぶには、賢者に尋ね教えを受けることである。

また、人の智恵で知り得ないことを学ぶためには聖人について学ぶのが最上である。

尽《つく》せば至《なかつひじり》と成りて天《たかあまはら》にも通《かよ》わむ。

生まれながら聖にして咸《ことごと》くに通じ以て之を尽くし、天に昇るは是れ至人《なかつひじり》なり。

諺《よのつたえ》に曰く。羽無くして天に至る。鰭《ひれ》無くして海に既《つ》く。是れ中仙《なかつひじり》なり。空に如き限りに之《ゆき》、見えざる処の無きは至人の物の明《きわめ》なり。是を尊きと為す哉《や》。更に人者の常に似ざるなり。

【意訳】

学びを極めることによって至人と成り、神を感じることができるようになる。生まれながらの聖であり神を感じ神の心を知る者は至人という。世の伝えに聞く。居ながらにして遙か遠くの出来事を見聞きしわかる者を中仙という。そのはたらきは尊いことである。まさに普通の人とは異なるのである。

絶《つくしきっ》て　眞《かんつひじり》と成りて仙天《あまつひじり》に入る。

生まれながらに絶《すぐ》れて直《ただ》ちに仙天《あまつひじり》と為る。是れ眞人《かんつひじり》なり。

理解の彼此れ処《さ》るるに非ざるのみ。

諺に曰く。生まれながらの位は日月《ひとつき》にして生まれながらの功は天宿なり。唯《ひとり》上仙《かんつひじり》なり。是を学極《まなびのきわめ》と為す。者《ひと》は神に学んで茲に至れるかな。

之を仰いで　慢《おこたること》　無きの極に至る。是れ大学の眞学なり。

是れ、其の人と上《かみ》とを伴《わかた》ざるの道なり。

【意訳】

さらに学んで成る極めは、眞（かんつひじり）となり仙天（あまつひじり）になることである。生まれながらにしてすでに神を智り、すぐに仙天となるのが眞人（かんつびと）である。常識で理解する領域を超えた聖なる存在である。

世の伝えに聞く。生まれながらこの世を照らし扶ける位であり、その能力と役目は神とつながって人を導くためにあり、孤高の上仙（かんつひじり）のことである。これが学びの極めである。人は神に学ぶのはここに至るためである。

この道を尊び仰ぎ、怠ることなく極めまで進んでいくことが、大学のまことの学び方である。これが、人と天とをつなぐ道である。

成らざるは道に非ず。成る者を以て道と為す。

問《たずね》、聞《きき》、記《おぼえ》、通じるの四品に任えざる者は道と為《する》に足らず。

唯　神者《かんつびと》のみ有り。天道は空《そらごと》ならず、於ゝ《ああ》、神者に依《たよら》むや。人者《ひとびと》も又、得《さとり》を美《よ》くせん。

人と上と伴なわずして慢《おこた》ること無きの極を得て、之を外に崇《あが》めて以て内に窮《きわ》むと云う。人間の美は此に在り。

諺に曰く。学んで四品に入らざるときは未だ非の際《そば》を出でず。学を尽くして只、是れを是《よし》と為すのみ。

【意訳】

人として正しく成らないならば、その歩みを道ということはできない。学び歩み続け成った者の辿ったところが道となるのである。

師に即き、問い、尋ね、教えを聞き、考え理解し、また先達の事績を詳しく知り覚え、たゆまずに学び続けることをやり遂げた者の足跡が道となるのである。

ただ、神者（かんつびと）のみがこの道を遂げることができる。神の道は人の想像から生まれたものではないので常人にはわからない。だからといって神者に頼ってばかりいるのではなく、人はみな神者の教えに学び道を理解するように努めるべきである。

人が神とともにあるとは、道に学び修めて我が身を謹しみ、神を崇め礼を尽くすことである。これが人としての美しい生き方である。

世の伝えに聞く。学んでも未だ、賢者、聖者、至者、眞人の四つのどこにも至らないのは、己のなかに中途半端な疑心暗鬼や非があるからである。到達するには、ひたすら学び、疑わず、教えを理解するのみである。

其を得成《さとりな》すに道有り。宗天《たかあまはら》を瞪《みまも》り、学びを得て馴《なれ》ず。緩《ゆる》めず己の天《たかあまはら》を守って之に信《まことする》の行いを得て之に勤むるなり。

四品を成すの道は二岐《ふたみち》に分かつのみ。常に高天を瞪《みまも》りて、日月星宿を観《みそなわ》す度政、四時、六気の運行を察《かえりみ》て、之を崇《たっと》び、用の方《みち》と為し、以て更に差《たが》わざるを取て之を己に学び又、失わず、之を一《もっぱ》らと為して是れを以て天道と為す。

馴るるときは之を軽んずるの故に馴れず。緩《ゆる》むときは之を怠る故に緩めず。

是を宗天《たかあまはら》の道と為すなり。常に己の身を守って天の曜宿、地の形行の體躬に具《そな》え、天転の気運、度法の気血に具わる。之の極《きわめ》に達し以て天と我と之を行って、是を以て道と為す。

疑うときは進まず、故に之を信ずるなり。怠るときは成らず、故に之に勤むるなり。是れ己の天の道なり。両天の其の極は二ならず。

是　成すことを得るの道なり。

【意訳】

これを覚り成すには、第一に天地人全ての始まりである天（たかあまはら）の法則を深く知り、驕らずひたむきに学ぶことである。そして神の心を我が胸に置き、離さず信をもって行い勤めていくことである。

覚りの四品に成るには、天の理と我が内なる神のはたらきの二つを深く覚ることである。我が身は天の六気が降り五臓六腑となり、神の心（春心は仁、夏心は知、秋心は義、冬・心は礼）が降りて我が心となる。その理を深く知り、神の心を常に胸に置きて行うことを人の生きる道とし、そこから離れず、これに専心していくこと。これを天（神）の道という。

それを知り、それに馴れれば道の尊さと大切さを忘れるので、馴れてはいけない。気を緩めれば怠慢となるので緩めてはいけない。このたかあまはらの道に日々つつしんで、我が身の天とたかあまはらのはたらきを一つにし、健やかに明るく生きることである。

この法則を疑えば学びは深まらない。信じて歩むことである。また徳を怠れば人の道を遂げることはできない。謹んで行うことだ。この天の道と人の道を一つにして行うことが、道を成し遂げるやり方である。

・六気　大陰、大陽、小陰、小陽、限陽、老陽が降ってその時々に、人の身を守るはたらき。

第九　天道

宗天《たかあまはら》を瞪るに道有り。維《これ》　政《まつりごと》、維　法《のり》是なり。天　政《あまつまつりごと》とは何ぞや。無為の旋《めぐ》り是なり。天法《あまつのり》とは何ぞ。無為の度《はか》り是なり。

霊　曜《あやしきひかり》昧《くら》からず。霊気《あやしきき》は休まず。定々如として自由無く詰々然として赦《ゆる》し逃《のが》すこと無し。曜天に旋り為すこと無くして　旋《めぐ》り旋り自《よ》り吉凶有り。

何故に吉凶有りや。

日は是れ陽にして火なり。月は陰にして水なり。五星は木火土金水なり。其は精神にして主宰なり。天に二十八辰を置き、東西南北に各四有り。以て四星に属きて性を作す。又、四方に一有って以て四と成して、土星に属く。

南の半天の四は是れ日に属し、北の半天の四は是れ月に属し、皆其の性に以て天は兼ねるを為し頻速なり。日は陽と為て次に速やかなり。星は其の性に其れ遅速あり。唯、月を陰として甚だ遅く転じ、転ずるに路を一為《おなじく》さず、生に会うときは吉、尅に会うときは凶なり。

是れ、所謂《いわゆる》　天政なり。

天は天、旺は旺、転作無く、理に御《のっ》て大いに勤むものなり。

何をか勤めと為さむ。

天の度は三百六十六度、日度は三百六十五度、月度は三百五十二度、星の度は《はかり》各々異にして、天、日、月と異にす。是れ所謂　天法なり。

六気の政に循《したがっ》て之を司るは是れ天政の用きなり。五気の法《のり》に循って運《めぐ》るは是れ天法の用《はたら》きなり。

天は之を敢し、地は之に服《まつろ》い、数の定め、度の詰りして天自《よ》り赦されず。地自ら

逃れず。旋り、儀《よそおい》、格式、毫毛《うのけ》の入るべきもなし。度政の成敗は塵沙の抜べきもなし。誠なるかな、明かなるかな。

【意訳】

天の法則を覚るには方法がある。天の法則は人の意志の及ばない自然界の天空の旋りに表れる。天とは欲無く私心無く旋り、その旋りは意図なくただ旋る。この天の法は、諸々の縁を生じ、窮まり、はたらく。それを天政という。

天空にある日月もまた旋り止むことなく、その旋りによって吉凶を知る。どうして吉凶があるのか。日は陽であり火、月は陰であり水、五星の木火土金水のはたらきである。この七つを精神として司る。また、二十八星と東西南北の四つにそれぞれ四季星（春の茎、夏の婁、秋の張、冬の房）がある。

星々の運行はそれぞれ遅速の差があり、月のみ軌道が異なりゆっくりと廻る。星の生まれには吉を見、星の死には凶事を見る。これが天政である。

天は天として理に則ってはたらいている。日と月と星々もまたそれぞれの天の定めによって旋る。天はこの旋りを守り、地はそれに順って在り、自ら動くことは微かにも許されない。それが地の誠である。

・天道　神界の天（たかあまはら）の法が宇宙空間に表れていることを示した。古代の暦は古代中国から伝わったもので、天体観察と自然界の現象を神の教えから読み解き、その法則を見いだしたもの。そこから派生した占いは多岐にわたるので時代が下るとともに神の教えからは離れ、自然現象と人間のご都合主義によって拡大解釈されている。ここで説く天道は原点である天の法から離れず、無私無為の天の采配による法則をいい、天政に同じ。

・霊曜　日月は自然界では太陽と月、神の教えでは日は天界と地（自然界、物質界人）の世界の間に位置する神のはたらきをさし、月は日を助け裏（陰）のはたらきをし、日月は連携する。

・霊気　天の気のめぐり、人においては魂のはたらき。

・二十八宿　星の和名称は、東方の七星　角（すぼし）、亢（あみぼし）、氐（みぼし）、房（そいぼし）、心（なかごぼし）、尾（あしたれぼし）、箕（みぼし）、西方の七星　奎（とかきぼし）、婁（たたらぼし）、胃（えきえぼし）、昴（すばるぼし）、畢（あめふりぼし）、觜（とろきぼし）、参（からすきぼし）、南方の七星　井（ちちりぼし）、鬼（たまおのぼし）、柳（ぬりこぼし）、星（ほとおりぼし）、張（ちりこぼし）、翼（たすきぼし）、北方の七星　斗（ひつきぼし）、牛（いなみぼし）、女（うるきぼし）、虚（とみてぼし）、危（うみやめぼし）、室（はついぼし）、壁（やまめぼし）。

黄道が赤道と交わる点を春分点、秋分点といい、天球を二十八区分し星座と星を名づけた。

己の天を守るに道有り。身は天地を以て造《はじま》り、之の頭は天の圓、之の足は地の方《みち》、之の足は九曜の境、之の支は七帝、左手骨は南極、右手骨は北斗、指骨は四七（二十八宿）の宿、足の骨は六六（三十六）禽、手足の節は　十　幹《とおのあまつかみ》　と支《しもつかみ》の十有二枝、背は天隠山。腹の大《ひろき》は南海《わたつみ》なり。

皆《ことごと》くは天にして我無し。ことごとく神にして私無し。以て輒《たやす》くし難し。又徒《いたずら》にし難《がた》し。自ら其に敬《つつし》みを致し、自ら其の誠《まこと》を致す。

天地は総ての本《もと》なり。人身《ひと》は別れの末《すえ》なり。総と別と末とは且《また》、殊にし、霊と気と数と度と維《これ》一つなる故に己の天と云う。

天の象は圓《まるく》して人の頭と為《な》る。地の相は方《けた》にして人の足に為《あた》る。二光《ふたびかり》と七旺《ななひかり》は其の数は九つにして二目と七穴の其の数九。二倶《ともなるふたはしら》、五偶《たぐいするごはしら》、其の帝の七《ななはしら》の頭と頸五躰、其の枝は七、南極に七星有り。北斗も爾《しか》り。掌臂七骨有り。七星、七骨又然り。右指骨の十四、左の指の骨十四は是　天の四七の宿なり。足の指の十三、指根の五、左と右と十八にして六六と成る。是れ地の禽の神なり。

血、毛、筋、爪、骨、歯、皮、息、肉、脳は是れ即ち、十幹の神、手節の六は尾節《あし》の六と是れ焉十二枝神なり。

背の立て天北の山、腹の湛《たた》えるは地の南の海、身心は是れ天神《あまつかみ》にして、之を取りて我と為すこと無し。之を拒んで私為《する》こと無し。悪ぞ我と為て之を輒《たやす》くせむ。

豈ぞ私と為て之を徒《ともがら》にせむや。

身の本は天の旺なり。敬《つつしま》ざるべからず。儀の本は度政なり。誠せざるべからず。

身躬の本は真《まこと》大いなるかな。至れるかな。両《ふたつ》は天の一に之帰る。維焉《これこれ》ぞ道為るなり。

宗天《たかあまはら》と己《おのれ》の天は其の本は一《おなじ》なり。之に徹《とおり》て之を修《おこな》いて、其の一に至る。

所謂　道は爰《ここ》に在るのみ。


【意訳】

我が内なる神を守るには方法がある。人の身体は天のはたらきによって生まれ、我が身そのものが天地と同じ構成となっている。

頭は天のように丸く、足は大地の道のようであり、足は九つの神との境を為し、手脚は天つ神の七帝、左手骨は南極、右手骨は北斗、指の骨は二十八宿（星）、足の骨は三十六禽（二十八宿につく眷属の数）、血、毛、筋、骨、歯、皮、爪、息、肉、脳は十幹の神、手足の指は十二枝神である。背骨は天隠山、腹の平らさは地の南の海を表している。ことごとく、この身は天の写しであり我がものではない。身のすべてが神であり無私である。そのため人の勝手な思い通りにはできないのである。自らこれを敬い、大切にしなければならない。

　天地は総てを生み成す本である。人の身は天のはたらきから別れた末である。総てと別れと末とは形を変えても霊と気と定めは一つであるゆえに己の天という。

　身体の本は天の光である。敬い尊ばねばならない。人の生き方は、天の政にそって誠実でなければならない。心身の本は大いなる天の真心である。人の生は窮まるところ天（たかあまはら）の始めに帰る。これこそが天道というものである。よって宗天と己の天はその本は同じである。これをよく自覚して修め、その本の一に至る。いわゆる天道とはここにあるのみである。

・人体は天のはたらきの末端に生じたもの。天地の形は異なるがその霊と気と数と守るべき理は人も同じである。ゆえに人体は己の天という。天道は神と人との関係を表し、人の生きるべき道を明かにしたもの。
・二光　日月、人にとっては左の目。
・七曜　日月星辰、日月木火土金水の旺。
・二俱　俱生天尊（ともになりますあまつみこと）天皇天常立尊（あまつすめろぎあめ

のとこたちのみこと）、天帝天御中主尊、二代倶生天神天皇地常立尊、天帝豊御地主尊を指す。

・五偶　神代七代の三代目以下五代の偶生天神（たぐいなすあまつかみ）を指す。その神々のはたらきに相当するのが左の目と人体の七穴（目、耳、鼻、口、陰）である。（資料2を参照）

・六六　三十六禽は、二十八宿につく眷属の数。

第十　五　徳

和徳《にごいさおし》　維《これ》一、明徳《あきらいさおし》　維二、美徳《みよいさおし》　維三、堅徳《かたいさおし》　維四、貞徳《またいさおし》　維五、なり。

和《にご》はこれ、源《もと》に融《とお》る。流れに融りて之に凝《かたま》り、之に滞《とどこお》り、鬱《ふさ》ぎ之に叛《そむ》くことの害《さまたげ》を制《ただ》すの是なり。

明《あきら》とはこれ、裏を晛《あきら》かにし、表を晛《あきら》かにしてしかも、之の癡《おろか》さ、之の晦《くら》さ、之の迷い、之の疑いの害《さまたげ》を敗るの是なり。

美《みよ》はこれ、本を善《よ》くし、末を善くし、しかも之を悪《にく》み、之と逆《さから》い、之の邪《よこしま》、之の僻《ひが》みの害を遺《はな》つの是なり。

堅《かたい》はこれ、主に固《まこと》し、従《とも》に固し、しかも之の忽《おろか》さ、之の妄《みだれ》、之の放《きまま》、之の惰《なまけ》の害《さまたげ》を放《はな》ち撃《う》つの是なり。

貞はこれ、大《ひろき》を定め、小を定めて之を偽り、之に佞《おもね》り、之に卒《むらごころ》し、之に恣《ゆるみする》ことの害《さまたげ》を避くるなり。

【意訳】

人が修めるべき徳は、和徳、明徳、美徳、堅徳、貞徳の五つがある。

和の徳は周囲とよくなごみ理解しあうもので、人としての根本である。凝り固まった考えや感情を持ち、それを鬱積させて塞ぎこみ引きこもり周囲と断絶する、あるいは逆うことは和の徳を妨げることになる。物事や自分の思いにこだわり過ぎて、凝り固まってはならない。

明の徳はよく見極め判断を誤らないようにし、表裏ともに目配りし、思慮深くして、己の無知からくる過ちや優柔不断によってこれを妨げてはならない。

美の徳は人に元々ある素直さを大切にして生き、明るく清い人生として終えることである。憎しみ、憎悪、、僻み、邪悪、邪淫などの感情は、その汚れ無き心をねじ曲げ汚し、死を穢すことになる。本来の美を妨げてはならない。

堅の徳はつつしみ深く堅実で、分別を持つことである。物事をぞんざいにし、感情に流され、粗忽な行動をすれば誠実さを欠くことになる。義を堅くし怠ってはならない。

貞の徳は元々の正しさに遵い、信を守ることである。偽善や策略、むら気や欲によってこれを妨げてはならない。

徳はこれ、道を内に積んで善を外《おもて》に鎮め得て、以て失わざるの是なり。

源《もと》と裏と、本と主と大とは是れ内の名、即ち神、心、理、気、境の標《しるし》にして己の支《ささえ》なり。

流と表と末と従と小とは是れ外の名、即ち法《のり》、象《かたち》、物《もの》、事《こと》、芸《げい》は世の習い為《た》るの標なり。

和徳《にごいさおし》は五行《ごぎょう》に在《あり》ては是れ水の躰《たい》なり。水は能《よ》く万物を和《とろか》し、和降を以て性と為し、五常《ごじょう》に在ては是れ礼の体なり。礼は能く万事を和して和譲《やわらげ》るを以て儀を為す。

心性に水徳《すいとく》有り、霊和にして交わる。焉《いずくん》ぞ五会に融けざるということなし。維《これ》一とは天の一にして水を生ず。天地の其の初めは水なり。万物其の初は水、水は従《ともなっ》て成る。

聖人は先に礼に布《ひろ》む。人は常に礼を先にす。学問も礼を先にする故に一に在るなり。

明徳《あきらいさおし》は五行に在り。是れ火の体なり。火は能く万物を明かにす。明陽を以て性と為し、五常《ごじょう》に在ては是れ智《ち》の体なり。智は能《よ》く万事を明かにし明発を以て行と為す。心性に火徳有り。霊明して照らし、焉に理を曷《あきらか》にせざるということ無し。維《これ》二とは地の二《わかれ》にして火を生じ、火は気を変え、天と地と造《わか》つなり。万物は火に依りて募《まぬ》かる。聖人は次ぐに智を誨《おし》えて人を度《すく》う。智に依って学び、智に依って問《ただ》す故に二在るなり。

美徳《みよいさおし》は五行に在りては是れ木の體なり。木は能く万物を美《よく》し、美く生きるを以て性と為す。五常に在てはこれ、仁《めぐむ》の体なり。仁は能く万事を美《よ》くし、美《よ》く恵みを以て徳と為し、心性に木徳有り。霊美にして焉《これ》を養い、百行を善《よ》くせざるということ無し。

維《これ》三とは、天の三にして木を生ず、水火は風を動かして木を生やし天地を保つなり。万物は風に依りて生ず。聖人は修《おこな》うを以てす。人の徳は仁に有り。学び問《たずね》るも仁に在る故に三に在るなり。

聖徳は五行に在りては是れ金の體《たい》なり。金は能く万物を堅くし、堅《かたき》は乾《かわ》きを以て性と為す。五常に在りては是れ義《つつしみ》の体なり。義は能く万事を堅く警《いまし》むるを以て功と為す。心性に金徳有り。霊堅にして重《きびし》く百学を固くせざるということ無し。

維《これ》四とは天の四にして金を生ずるなり。金は強く大《ひろ》がり張《みなぎ》るなり。金の乾《かわき》は天地を建つるなり。万物は金に依て任《たえ》る故に聖人は必ず義《つつしみ》を以い、人道を義に任《まか》せ学問を義に任《とど》む故に四に在るなり。

貞徳《またいさおし》は五行に在ては是れ土の躰《たい》なり。土は能く万物を貞《ただ》す。貞し鎮るを以て性と為し、五常に在りては是れ信《まこと》の体なり。信は能く万事を貞して貞懇《ただしきまごころ》を以て跡《あと》と為す。心性に土徳有り。霊貞にして實《まこと》なり。焉ぞ万物を定めざるということ無からむや。

維《これ》五とは天の五にして土を生ず。土気大《はなはだ》　積み、土積《つみ》て天地を鎮《まも》る。万物は土に依って成る。聖人は己の信に格《ただ》す。人の極《きめて》は信に帰《もど》る。学問も信に帰《もど》す故に五に在《とど》まるなり。

和徳《にごいさおし》立って明徳《あきらいさおし》立ち、明徳立って美徳《みよいさおし》立ち、美徳立って堅徳《かたいさおし》立ち、堅徳立って貞徳《またいさおし》立ち、貞徳立って和徳立つ。之の和、之の明、之の美、之の堅、之の貞

は環《たま》の端無き如く一と為《なり》て道を成すなり。

【意訳】

徳とは道を学び、身に修めて行い、その善なる心を失わないことである。源と裏、本と主と大とは、神のはたらきを表わすものであり、これらは己の精神の支柱である。流れと表、末と従と小は、世の中の法と形、物事の成果をさす。

和徳は五行における本質は水である。水は万物を融かし滑らかにして流す力を持ち、五常では礼に表れる。礼は万事を和やかに調えて形づくる。この水のような心ならば、通じ融け合い、和さないものはない。

天地の初め、そのはたらきは水を生じ、万物はこれより成り、また水とともにある。よって聖人は導くに際して、まず礼を教えひろめる。人は常に礼を優先することによって滞りなく物事を進めることができる。学問を修めるときもまた礼を欠いてはならない。すべての始まりに礼がある。

明徳は五行における質は火である。火は万物をよく照らし明らかにする力を持ち、五常では智である。智によって物事を見極め知恵を得られる。そして物事を正しく整理し、行う力となる。

次に火を生じる。火は地に生じ、気を変え、天と地を別つはたらきとなる。万物は火（熱）によって変わり、あるいはしあがる。よって聖人は（礼の）次に智を教えて人を救う。人は智を得て学び、智によって正しきを見極めることができる。

美徳は五行における本質は木である。木は万物を美（よ）くし、美く生きる力となる。五常では仁である。仁は万事を美くし恵みを与える。深い仁を持って生きるとき、自他ともに美くし、正しい行いとならないことがない。

三番目のはたらきは木を生じる。水と火は風を動かして木を生やし、天地を保つ。万物は風によって生まれる。よって聖人は仁をもって行いを示し、教える。人の徳は仁にあり、学んで正しいことを知るためにも仁が必要である。

堅徳は五行における本質は金である。金は万物を堅くし、乾かす。五常では義である。義は万事を堅く警める力となる。義をもって行うとき、すべてに対して慎重にならないということがない。

四番目のはたらきは金を生じる。金は強く広がり重く力みなぎる。金は乾きの力をもって天地を建て、維持される。よって聖人は必ず義を以て教え、人の道の要を義に置き、学びを義によってしめくくるのである。

貞徳は五行における本質は土である。土は万物を良くし守るものである。五常では信である。信は万事を正しく丁寧に行う力となる。すべての基となる土徳をもって行えば、それが実とならないことはない。

五番目のはたらきは土を生じる。土気を広大に積みなし天地を鎮っている。万物は土より生まれ成る。よって聖人は己の信を確かめ、我が身を正しくする。人の極めは信に帰る。学問もまた信をもって修めるとき学びとして成る。

五つの徳すべてが順々に立ち、連なって一つの環となった時に、人の道は仕上がるのである。

・五徳　天一、地二、天三、地四、天五の天祖神化の五行であり、そのはたらきが人に降りたときに徳となる。天祖の徳を融《あきら》かにし、それを四方に流《つた》え地と人に和《あらわ》し、あらゆる事に応えるのが五徳である。

第十一　五　功

沢功《うるおいのいさおし》維《これ》六、温功《おもいやりのいさおし》維七、成功《なることのいさおし》維八、制功《ただすいさおし》維九、安功《やすらぐいさおし》維十。

沢と云うは也《これ》、礼を格《ただ》し、和を積んで神を和らげ、人を和らげ、田を理《おさ》め水を理むるの是なり。

温と云うは也《これ》、知に格し、明を積みて政を道《おさ》め、学を弘め、芸を興し、工を興すの是なり。

成と云うは也《これ》、仁を格し、美を積んで親を孝《やしな》い、民を養い、國を富まし、宝を発すの是なり。

制と云うはまた、義に格し、堅を積んで君に忠しくし、倫《みち》に宜しくし、夷を平《しず》め乱を治むるの是なり。

安と云うは也《これ》、信に格し、貞を積んで國を謐《しず》め、家を道《おさ》め、近づくものに楽《よろしく》し、遠きに安《うれいなく》の是なり。

沢は貧しきを潤し、温《おもいやり》は苦しみを解かむ。

成は善を勧め、制は悪を懲らし、安は楽を永《つな》ぐことの是なり。功と云うはまた、徳を内に成し、化《おしえ》を外に布《おどこ》して、事に悔い無きことの是なり。

沢功は五行に在って是れ水の用《はたら》きなり。潤和は万物を沢《うるお》すなり。五常に在って是れ礼の用《はたら》きなり。恭譲して万事を沢しまた、九田を行うに水無きこと有るべからず。十道《あらゆるみち》を行うに礼無くば有るべからず。花は水之を沢さむ。道は礼これを沢さむ。

維六とは地の六なり。水は六に成り、一数に合い陰と陽とに合せ成るは水徳の功の全きなり。合せ成るは礼の全きなり。

【意訳】

沢を六番目、温を七番目、成を八番目、制を九番目、安を十番目とし五つの功がある。沢すなわち潤す功は、行いとしては礼節を正し、神の心に倣って世の中を平らかにし人は和みやさしくし、田は水を湛え、良く耕せるようにすることである。

温すなわち智の功は、相手をよく知り物事の正否を見極めて政を正しくし、学びを広め、技術を創り、工を興すことである。

成すなわち仁の功は、思いやり深くし、美きことを多く行い、親孝行をし、人々が穏やかに暮らし、そのことがひいては国を豊かにし、それらが宝となることである。

制すなわち義の功は、善を行い、定めを守りつつしみ深く固めて、道に外れることなく、世の中を乱す者をおさえ、平穏へと導くことである。

安すなわち信の功は、人の道を行い、その信を守って国を鎮め、民は一家を養い、近隣のみならず訪れる者にも居心地よくし、また遠くにいる者にも不安を抱かせないように取りはからうことである。

沢は貧しき者に恵みを与え、温は苦しみから解放することである。成るは善き行いを勧めて制は悪を糺して懲らしめ、安は平穏の喜びを永く続かせることである。

すなわち功とは、人々に五徳を教え広め、それを基に国作りを行い、過ちを無くして世の中を善き方へと進めるための方法である。

沢の功とは、五行においては水のはたらき、また五常においては礼のはたらきである。感謝と敬いを深くして、万事に対して丁寧に尽くしていく。良い田を作るために水を湛えるように、道と名のつく事を行うには礼は欠かせない。花には水が必要なように、礼をもって行うことで道を成すことができる。

そして六とは、地の始めのはたらきで水を生じる。天の五つのはたらきに加え、陰陽を兼ね、すべてに礼を含んではたらくとき成る。

温功は五行に在っては是れ火の用きなり。熱明は万物を温むるなり。五常に在っては是れ智の用きなり。智察して万事を温むるなり。五穀を熟《みのら》すに火に依らずして何をか云はむ。一理を分つに智に依らずんば何をか云はむ。飲食は火に之を温む。物事は智之を温む。

維七とは、天の七にして火と成る。乃ち二に合わせるは陰と陽と離れ、火に全うすること無し。徳と功とを開いて智を全うすること無し。

【意訳】

温の功は五行においては火のはたらきである。熱と明るさは万物を温める。五常においては智のはたらきである。知恵と深い覚りは物事を明らかにし、万事を育て向上させる。五穀が実るには太陽の熱がなくてはならないことはいうまでもなく、是非を判断するには智がなくてはならず、また食事を温め調理するには火を用いる。物事は智によって出来上がるのである。

七とは、天のはたらきの七番目であり、火を生じる。天の明徳は地において温功としてはたらき人において智となる。これが離れて成り立つことはない。

成功は五行に在っては是れ木の用きなり。五常に在ては是れ仁の用きなり。風の美《うましき》は万物を成す。惆愛は万事を成しまた、生命を養うに五穀無くば絶えむ。

人徳を保つに四心の無きときは生命を絶えむ。食の之を成すは心、徳の之を成すは仁なり。

維八とは地の八なり。木の八と成すは三木の数と合わせ、天の三と地の八は木を全うす。愛と徳、育と功と仁に全うす。

【意訳】

成ることの功は五行においては木のはたらき、五常においては仁のはたらきである。風は湿りと渇きを運び万物を育て、人の哀しみや愛しさは生きる理由となり、また五穀は生命を養うためになくてはならない。他人を思いやり、分け隔てなく慈しみ、喜びを分かち合う心がなくては、人は互いに生きることはできない。また同じように食を得ることもできない。その徳は仁である。

この八は地に生じるはたらきである。天の三である美徳と合わせ、地の木に表れる仁であり、愛し育てる心を貫くものである。

制功は五行に在りて是れ金の用きにして、五常に在りては是れ義の用きなり。乾堅は万物を制し、羞忍は万事を制す。村園を制するに五金無きときは奈《いかがせむ》。人道を制《おさ》むるに十義の無きときは奈《いかがせむ》、村園は金之を制す。宜理は義之を制す。維九は天の九にして金成り。九と四と合わせて金なり。天地の合わせ数は金を全うし、堅を修め、制を施し、義を全うするなり。

【意訳】

制すの功は五行においては金のはたらきである。五常においては義（つつしみ）のはたらきである。感情を抑えて羞じを忍び耐える強さは、正しき道を選ぶ元となる。五金（金銀銅鉄錫）がなくては集落の畑を作り守りようがない。それぞれがその立場でのつつしみを守らなければ人の道とはならない。金は村の畑を作らせ、義は正しき理となり道に通じる。

九は天の九で金のはたらきである。天の九と地の四を合わせて金となる。天地に通じるはたらきであり、心に堅徳、身に制すをもって行い義を貫く。

・金　金は堅きと霊しきに通じるはたらきを意味し、天地人に通うの意を含む。
・十義　父の慈、子の孝、兄の良、弟の弟（年長者に順うこと）、夫の義、婦の聴（人の言葉を聴くこと）、長の恵、幼の順、君の仁、臣の忠を指す。儒教の礼記にある道徳。

安功は五行に在っては是れ土の用きなり。土は万物を置くに之を泰《やすん》ず。五常に在っては是れ信の用きなり。信に万事を置いて之を泰ず。土無きときは万物生ぜず。信無きときは四徳立たず。物は土に依りて安ず。道は信に依りて安ず。維十とは地の十にして土を成す。十は五に合《かな》って土と成り、陽の五、陰の十は土として全うす。

貞徳と安功は信に全く、沢功立ちて温功立ち、温功立ちて成功立ち、成功立ちて制功立ち、制功立って安功立ち、安功立て沢功立つなり。

【意訳】

安らぐの功は五行においては土のはたらきである。土は万物を穏やかに落ちつかせる。五常においては信のはたらきである。すべてに信をもってすれば平穏となる。土がなければ万物は生まれず、また信が無ければ和、明、美、堅の四徳は行えない。物は土によって安定する。そして道は信があって道となるのである。

十とは、地のはたらきの十であり土を成す。十は五徳を含んで土となり、天地の陰陽を含んでいる。

貞徳と安功は信によって成り、沢功があることで温功があり、温功があることで成功が成り立ち、成功があって制功が成り、制功があって安功となり、安功があって沢功となる。このように五徳と五功が連なり一つの円となって降り、人の道となり平穏な人の世を作ことができる。

未だ之を沢さずして之を温るときは、饕《むさぼり》の害有らむ。未だ之を温めずして之を成すときは成すに困《くるし》むの害有らむ。未だ之を成さずして之を制すときは制《さだ》めに逆

いの害有らむ。未だ之を制せずして之を安ずるときは安ぐに怠りの害有らむ。未だ之を安ぜずして之を沢すときは沢に倦《つか》れ、慢の害有らむ。故に一を以て道と為すのみ。

【意訳】

正しき礼を行わず、浅い知識や経験で世の中を治めようとすれば、私欲を饕り、害を及ぼす。学識や経験、思慮の浅い者が政を行おうとすれば困難を解決することができない。また周囲を思いやり助け導くことができない者が法を用いれば、法を曲げ法に逆らう政をして害をなす。定めと法を守らず人の道を外し、気ままで楽な暮らしをする者は怠け者となり堕落する。平穏で安泰な暮らしができていないのに、周りに無理に合わせれば疲れ、心の伴わない形だけの行いとなる。故に、五つの功を合わせて行って一つの道である。どれを欠いても道とはならない。

第十二　一　道

是れ一陰一陽なり。是の位は神に在り。是れ徳功は天地を成《しあ》ぐ。是れ人倫は爰に成るなり。

陰陽は一にして陰陽の徳は混えず。其の位は神にしてしかも神は聿《ここ》に住《とどまりま》す。徳功は具わること有って天地を成し人倫を成す。是を以て天地の本と道い、人倫の本と道う。

神は道に在って二元に立つ故に神は道を以て化《おもけ》し、天は道を以て旋り、地は道を以て鎮り、人は道を以て存する故に、道の心に非ざるときは心と為さず。以て速やかに之を遣り、道を行うに非ざるときは行いと為さず。以て乍ちに之を拋《なげうっ》て纔《わずか》にして心を撰び、纔にして行いを撰び、細きより微に至り遂に帰らむ。

然るに即て伸は是れ縮みなり。故に伸と縮は離れず。縮むは是れ伸なる故に縮むは伸と離れず。中々にして私無く虚々にして我無く、念々として明静なり。業々として善定なり。是れ道なるのみ。

【意訳】

神のはたらきは陰陽に別れる。よって徳と功として天地をしあげ、人の倫となる。初め天祖は一心としてあり、陰陽に未だ別れていない。神が生まれ、そこから徳と功のはたらきが伝わり流れ天地となり、人の道を成す。これを天地の本といい、人倫の本という。

神は陰陽に別れることによって、五鎮のはたらきは道となって伝わり流れ、地は五鎮道にそって鎮まり、人は神の心を常とし、五行を修めて生きるものである。ゆえに仁智義礼信の徳無きときは、心とはいえず、また道を行うともいえない。速やかに本の心を取り戻し、ことこまかく丁寧に五行を尽くし、道から離れてはならない。

神のはたらきは止まることなく常にある。かたよりなく、私無く、思い無く、無為にして活き活きと静かにはたらき続けている。そしてはたらきは善から外れず、善に行き着き、また善として存在する。これが神の道（五鎮道）である。

順《したがう》ときは生かされ、逆らうときは尅《ころ》さる。

五行に方位有り。復《また》生尅有り。順行するときは行いて皆生かされ、逆行するときはこれ皆尅さる。

人行にも法位有り。また、成敗有り。順行するときは皆成り、逆行するときは又皆敗れる。便《すなわ》ち天行有り。人行有り天行に順ずるときは天生を得、之に逆らうときは天尅に會う。

人順を作すときは天生を得、之に逆らうときは天尅に會う。人順を作すときは人成るを得、それに逆らうときはその敗れに會う。是れ天道《たかあまはらのみち》なり。

【意訳】

道を守り、理にしたがって正しく行うときは生きることができるが、逆らい不実の為すときは道とならず破綻する。天の法則は、理に順ってはたらくときは諸々が生かされ、逆行すれば皆破滅となる。人の行いもまた同じで、成るは五行に遵うとき、遵わざるときは敗れる。すなわち天と人の命は道によってつながり、抗うことはできない。人は、天の道に順うとき生を得ることができ、逆らうときは死へ至る。また人が道を守って行うときは成果を得ることができるが、道に外れれば敗れ失うこととなる。これが天道（たかあまはらのみち）である。

修うときは吉、放敗《おこなわざるとき》は凶なり。

恐れて天政を修ふときは天の吉有るも慢《あなどり》て之を放つときは天凶に會はむ。慎みて人法を修むるときは人の吉有り。慢って之に放《きまま》するときは人凶に會うこと猶、響きの声に応えるがごとく影の躰に随うが猶し。復、離れ遯《のがるること》を得ざらむ。

【意訳】

道を身に修めるときは吉となり、勝手なふるまいをして行わなければ凶となる。凶事を恐れて神の道に随って行うならば神のはたらきによって吉を得ることができるが、神をあなどり軽視し私欲のままに為せば神のはたらきによって凶を招く。人はよく慎んで人の世の法に遵い道を修めれば良きことがあり、慢ってきままにすれば不都合に遇う。このように人生は、音の響きが伝わるように、影が身体につきしたがい離れないように、天の道の吉凶から逃れることはできない。

伊《これ》徳は心に在り。伊功は身に在り。

徳の具わることたるや是れ自然なり。唯維興すことたるや、性《うまれでどころ》従りの故に其の在る処はこれ心なり。

功の成るや、是れ修業なり。惟を遂ぐるや是れ動勤《つとめ》なり。故に其の在る所は乃《なんじ》の身なり。心は常に五徳を発し、身は常に五功を行う。徳々明を以て之を紹《つ》ぎ、

切々熙《かがやき》を以て之を紹《つ》ぐなり。

【意訳】

神の徳は人の心に宿り、また神の功は人の行いによって顕れる。徳は生まれながらにして内なる神の魂に具わっている。ただそれに気づくには、神から伝わった心を覚るしかない。

功を立てるには、道の修業を励み勤めることによって成る。ゆえに、功は自らの行い次第である。

常に五徳によって心をはたらかせ、行動は五功によって行う。徳によって明るく照らし続け、勤勉に功を立て、神の心を継いでいくことである。

心の如く心を修め、身の如くに身を治めるは是れ天道なり。

上天《たかあまはら》は心と身を造《はじめ》るに、五徳を以て造り、五功を以て身を造《はじめ》ませり。

聖人は天の造に如《したが》って是を道《おさ》むるなり。学ばずして自生《うまれながら》の君子なり。故に之を

求めずして吉を来たらし、之、之を庶《こいねがっ》て福来たらすに、凡人は天の造に戻りて之を翔《ふるま》う故に小人なり。

之を厭うと雖も凶来り防ぐと雖も禍に至る。君子は禍福を見ずして本を見るも、小人は本を見ずして禍福を見る。

末の本に応ぜざると云うこと無きに、焉《なん》ぞ狂うて求厭に随わむや。

是れ、天の道を知る為なり。

【意訳】

神の五徳と五功を学んでわが心と行いとして生きることを天道という。天（たかあまはら）より伝わり降るはたらきから心と身を成し、五徳をわが心とし、五功をわが身として存在する。聖人は天から授かった心と身をもって生まれ、学ぶこと無くして、うまれながらの君子である。ゆえに居るだけで幸いをもたらし、また求めれば福を呼ぶこともできるのだが、凡人は福を願うときだけ天の心と徳があるようにふるまうので小人である。そして徳と功を嫌がりつつ、凶事に遭わないようにしても、いずれ禍に出会うこととなる。君子は禍福を見てなぜそうなったかを考えるが、小人は何をどう為したのかは思わず、結果にばかりこだわる。

事の顛末にはすべて本（原因となるもの）があるものを、どうして目先の欲と福ばかり求めるのであろうか。禍福の結果は、天の道にそって生きるべきことを学ぶ機会なのである。

第十三　五　大

蒼生《あおひとぐさ》に五大有り。乃ち、生大《ふとみ》、理大《ふとみ》、死大《ふとみ》、事大、学大の是なり。

生大《いきふとのり》は春なり。世の万世《よのこと》を起すなり。

理　大《ことわりふとのり》は是、夏なり。世間《よのなか》の明白さなり。

死大《まかるふとのり》は即ち、秋なり。世　政《よのまつりごと》を成し遂ぐなり。

事大《わざのふとのり》は冬なり。世気の往復《ゆきかえり》なり。

学　大《まなびのふとのり》は用《まどき》に当たる。世生《よになる》、実熟《うましごと》なり。

五大は故《もと》天にして今も又、天也。

人として初めに誕《うま》れ、竟《おわり》に没《まかり》無しということ無し。

経るところの春秋は是、生大なり。

生大は、在明者《いきとしいけるもの》の大詮《おおまつりごと》なり。危きに会うべからず。罪（罰）を得べからず。是れ、静かたるべし。是れ、安《たのしみ》たるべし。焉、春に即って生を経《つね》し、悉く仁を以てする所以なり。

既に産誕し世を経ること有って卒去《みまからざること》無き者なし。是れ死大なり。死大は人の生涯の大果なり。之を得て之を了《おわること》、極めて軽からず。死を穢さず、死を猥さざるは、是れ人の道なり。焉を秋に即《あて》るは、是れ死を行うに咸《ことごと》く義を以てするに由るなり。

盡きること無き物の科《しな》は種々《くさぐさ》にして然も断《ことわり》を具えて存するは是れ理大なり。理大は是れ境界の大務にして、是と可べくして非とすべからず。之を明かに分つんばあるべからず。之に随伏《したがわず》んばあるべからず。焉を夏に即るは乃ち、理を照らすなり。唯《ひとり》、智を以てするに在るなり。

無窮の能事《わざこと》は、時々営々して畳《かさ》ね来らむ。是れ事大なり。事大は世間の大要なり。唯り、其の憢《たし》かなるに善く、其れを疎んずるに善らず。慎み然《あたりまえ》として能く作《つとめ》して卒爾《にわか》に作さず。焉を冬に即るは斷れ此の事なり。専ら礼を以てすればなり。

巨多《ここだく》の方軌《みちのり》、小さき大《ふとのり》限り無く世に有りと為すは是れ学大なり。学大は人道の大格なり。堅きに即きて実を成し、須《すべから》く、必に正《あきらか》に依るべくして、邪に依らざるなり。甚だ則るべくして犯すべからず。焉を用《まどき》に即て学びの極《きめて》と為すは是れ、即ち信を以てすればなり。

五大は元来其の有ることは天有なり。今将《いままた》五時に配すは是れまた、天の理なり。其の天たることを道《い》うは、是れ人の法の私に非ざるを以ての所以のみ。

【意訳】

人には天より定まった五つの原則がある。それはどう生きるか〈生〉、どのように死ぬか〈死〉、そして物事の是非、善悪を分ける〈理〉、人生の目的を遂げるに必要な〈事〉、正しく生きるための〈学〉、これを五大という。

大とは天祖から伝わり降った神の徳であり、人の内つ神に宿る徳のはたらきであり行いに顕れる。大は揺るぎなく折れず堅く、また枝が広々とよく伸びる様をいう。

人はみな、誕生から始まり、死によって人生を終わる。その歳月の過ごし方を生大という。生大は生きとし生ける者にとって最も大切なことで、危険に遭わないように、罪を犯さず、また罰されることのないように生きることである。それには静かで穏やかに、また楽しく過ごすことだ。春の恵みを受けるように、おもいやりに満ちて生きることで、そうすることができる。

この世に生まれ、生きて、それぞれの時を過ごし、誰もがいずれ死ぬことを避けることはできない。それを死大という。死は人生の締めくくりであり、その人生の価値を表すものだ。死ぬことはたやすいことではない。穢れなく美しい死を迎えることが人の道である。秋の豊かな実りを得るように、つつしみと感謝をもって生き、最期に向うことで、そうすることができる。

世間には数限りない物事があって、それぞれに理由と道筋があるが、それを見極めることを理大という。理大はその是非を明らかにするために大切であり、正しい方を選び非を選んではならない。是非を分別し、明らかにして、正しい方に従わなければならない。これは夏に日射しを浴びて勢いよく育つように、理によって物事を明るく照らすことである。智恵をもって判断すれば、そうすることができる。

精度の高い仕事は、日々のたゆまぬ努力によって成るものである。これを事大という。事大は社会を良くするために肝心なことである。急こしらえや間に合わせのやり方ではなく、慎みをもって丁寧に行い働くことである。実りの後の冬をつつしんで過ごすように感謝と敬いの気持ちを抱いて行うことで、そうすることができる。

世の中には数多くの事柄とやり方、それらについての細かな決まり事が有り、それを知ることを学大という。学大は人の道を正しく修めていくために必要である。忍耐強く道を行ない、そして信を覚えることができれば、当然に正しい方を選んで邪を避けるようになる。必ず学び、道を守らねばならない。これは用（まどき）にあたり、学び修めて人の道の信を得ることである。

五大はもともと天の理が人に降ったものである。それぞれの大を四季と用に宛てるのは、人生は地がそうであるように、天のはたらきに順うものだからである。天の理で説くのは、五大は人が考えて作った定めではないからである。また人生は人の思い通りにはいかず五大によるのである。

生大は壽《み》の尽《かぎり》の徳に在り。理大は物を格《きわ》むるの然るべきに在り。死大は期《とき》の終わりの道に在り。事大は常の業の善に在り。学大は世方《よののり》の正《まさごと》に在り。

一生の日時の口口《ひとびと》、之を得るに其の易わること明暮れの如し。徳に在《とどまっ》て日時《そのひそのひ》を得ることは其の難きこと暗《やみ》を旅する如し。其の綱を得ざる則は行の拠を失はむ。

生行の綱は是れ仁か。

仁を致《きわ》めて、巨《おおき》と微《ちいさき》とに別ち以て大は巨に頼り、小は微に頼って仁に止まるの是なり。

【意訳】

生きることとは、生涯にわたって天祖からいただいた徳を我が身に修め、その徳を行っていくことである。理は人に降って心となり、その質は仁智義礼信の五常である。五常を基準として善悪を明らかにし、是非を弁えて行うのである。死は人生の締めくくりの時であり、その時をいかに迎えるかが大事である。事を覚え極めるのはすなわち善を目的にして善きことに尽くすためである。学は人の世を正しく治め、また人を導き人の道を守っていくためのものである。

人生は日々移ろいやすいものだ。拠となるものがなければ生きていくのはむずかしい。その助けとなるのは仁である。仁をよく修め極めて、物事の大小ありといえども仁から離れないようにすることである。

綱の之を得るの則は目もまた、相従《あいつか》む、徳は茲に有らむ。蒼生《あおびとぐさ》は竟《つい》に死を知りて其の易《かわる》こと、滝の降る如く道に在りて良死を期す。其の難きこと流れに昇るが如し、唯、卒《にわか》に没《まか》り、死《みまかる》のみに非ず、其の死の時時《これ》に在らむと、皆之を清め、之を

正すことの其の綱は義に在《とどまる》なり。義を致すこと数《おおく》を学んで綱目並《とも》に至《およ》びて、常《あたりまえ》に死し疵無きときは道も茲に在り。

【意訳】
物事はおおまかな事だけではなく詳しく細かなこと、つまり物事の真意と心を知ることが大事である。人がいよいよ死ぬとわかったとき、神の心に気づき己を正すならば、直ちに覚り、良き死に方となる。しかし、心を知らず、徳に逆って生きれば良き死を迎えることは難しい。死とは突然、簡単に来るのではない。死に臨んで己のまちがいを認め、つつしむことで神の徳に気づくことができる。つつしむことで多くに気づき、また心を覚り、自ら正しい方へと向き直る。そのとき苦しむことなく死を迎え、穢されず清らかな死となり、神の元へ帰ることができる。

人世はみな理なり。理群り之を詰め紛々然としてまた、別かち難し。
唯、智維れ之を明別して是非を見《あら》はすのみ。

其の智、諸誰《これ》に得む。紛々たるの理、伊之《これ》を得せしむは能く、得ると得られると曷　皓《あきらかにしめ》し相向かうに微を避け　毫《うのけのほど》　のものも削りて、理大に成る。然して爰《ここ》に在て一たび動きし一たび言い一たび成し一たび敗れ、積もり以て万事と為す。世間の是、事の成るはまた、善悪種々如として純善なること能わず。君子と小人との其の別《へだて》は善と悪に在り。

賢者と凡夫と其の差は雑と純に在り。雑を解し純を得て善者ならずということ無しとは爰に在り。

天に政度《さだめ》有り、地に行方《さだめ》有りて人の世を建つなり。もっぱら建つるに学に在り。悪を敗り善を成《しあげ》て、邪を廃《や》めて正を立つるに学に依らざるということ無し。徳を至《きわ》め、身に行い、世を化《みちびく》に咸《みな》学の功のみ。

学有りて道無きことは假の邪有るは異《あだし》に似ること有るに依るなり。彼を遣って是《ぜ》

を認めて、正《かたよらざるみち》を此《われ》に在《とどむる》なり。

【意訳】

人はそれぞれのやり方に従って行う。その方法には善悪、是非、矛盾することなど、色々と混ざって分別しがたい。ただよく智恵のある者だけがこれを見極めて、正しく行うことができる。その智はどのようにして得たのだろうか。それは物事に対し率直にごまかさないで向き合い、紛らわしさと間違いを除き、正しく理に沿っていくからである。それには様々な経験を重ね、失敗と成功を経て学び、辿りつくのである。

世間でよしとされることであっても、そこには善も悪も含んでいる。人の世の善は元々の混じりけのない純善たる神の徳から離れてしまった、人の世の都合をいう。君子と小人との違いは善と悪の質にある。また賢者と凡人の違いは純粋さと雑さにある。善悪混合の雑さを嫌い、純善のみを得ようとするのが善人であり賢者である。

天の法則によって神のはたらきは地に伝わり降り、そして人は神の心を得て人の世を造った。また人は、神の心に学ぶことによって生きてきた。悪を破り、善を行い、邪を戒めて正しく生きるには、そこに学ばざるをえないのである。

徳を修めて行い、善を広めていくには学ぶしかない。ただ、学んでいるにもかかわらずその道が役立たないのは、異国の学問を真似て行うからである。その間違いを直し、正しくかたよりのない吾が道にとどまって学ぶことである。

生は是れ明なり。死は是れ幽なり。幽の善は明に在り。明の善は幽に在り。故に生死を首《はじめ》と為し共に其の学を立てて理と事とを左右するなり。

生は是れ陽にして実《まこと》、人間として現に見《あらわし》故に明なり。死は是れ陰にして虚、人界に見《あらわれること》を絶つ故に幽と為す。幽冥に禍々有り。明現の功徒に依りて之を得、明現に禍福有り。幽冥の功徒に従って成るなり。

鬼神　若し明現を恐れれば悪ぞ邪害を作さむ。人倫若し幽明を恐れれば、豈ぞ悪逆を発さむか。

人間の生死は是れ上天日月なり。宗に依らずんばあるべからず。智者は車を見

る故に之に行くこと易し。愚者は綱を見る故に其れを修むること難きのみ。五は只二に有り、首と為すと謂う其の二の立つところ、また、只学に在り。其の学の拠は是また、理と事とに在る故に左右なるのみ。

【意訳】

現世は目で見ることができるが死後の世界は目には見えない。死後の世界における善の本は現世の生き方にある。よっていかに生きるか、いかに死ぬかを学びの原点とし、その理由あるいはやり方と行いがどうあるべきかにつながっている。

生は陽であり事実の世界である。よって明という。死は陽に対し陰であり、ありてなき世界である。目でみることができないので幽という。死後の世界に禍が色々とある。現世での行為の結果である。また現世にも禍と幸福がある。これは死後の世界の影響である。

死霊がもし現世を恐れているならば、どうして人に害を及ぼすだろうか。恐れたりしないからだ。また人がもし死後の世界を恐れているならば、どうして悪逆な行いをするだろうか、恐れていないから道を外すのである。

人間の生死はたかあまはらの日と月つまり陰陽のはたらきであり、裏と表の関係である。この天のはたらきに従わねばならない。

智恵のある者は人の道を知って行うが、愚かな者は頼りすがるものを求めるだけで、道を学び修めることをしない。五鎮には陰陽のはたらきがあり、それは生死に顕れる。それを正しくするには学び修めなければならない。その学びはまた、日々の行いを偏らずに正しく、丁寧に積み重ねることにある。

死を善くするは生なり。生を善するは事なり。事を善くするは理なり。理を善くするは是れ学なり。学を善くするは是れ死なり。五を善くするは是れ道なり。道は体無く、只また、是れ五つ。輪の転ずるに首尾無きがごとし。遂に我無みするに至って道を知るなり。

生道に止《とどまっ》て私を離れ公に至るときは死なり。其の中に道を得、道は事に止って

妄りを避け、雅を成すときは其の中に生き徳を得む。理道に止って非を廃し是を立つるときは其の中に善を得るなり。学道に止まって邪を遣り正を認むるときは理は其の中に然るを得む。死道に止まって悪を改め善を行うときは学は其の中に正を得む。五に相当の善有り。是即ち道なり。實道の道は己我を脱ぐにあるなり。順序大いに底《いたる》のみ。其の実は互いに成るなり。

【意訳】

善き死は善き生きざまによって得られる。善き人生は何を行うかによる。善き事は善き方法と過程によって得られる。そのためには学ぶことである。学ぶためには死を知ることである。人生を五大で全うすることが人の道である。この道はこれと示されるものではなく、ただ五つの大にしたがい、始めも終わりもなく、ひたすら私を滅して五徳と五大に則って行うことで道が理解できるのである。

生きながらにして無私になって道に従えば死と同じである。死して生き、その中に信を覚ることができる。乱れなく誤りなく上品に道を歩み続けることで徳となり新たな生を得ることができる。

理を正しくし非を止めれば結果は善となる。学んで邪を絶ち正しきに従うときは理はしかるべき善に落ち着く。良き死を求めて悪事を改めて善に戻れば、何が正しいかを覚ることができる。

五大にそれぞれ善があり、それを行うことが道である。まことの道は自我の意地を捨てることにある。すべてはそこからであり、それが五の全てに通じる。

五は庶《もろもろ》に対して其の能く率いる者に善くするときは率いられし者自ら善くせむ。この五の維《これ》を大というは人万《すべて》、是より大なるは無く、最大、長大にして庶小を率いる所以なり。五大は善くするときは其の小悉く入って餘《はずれるもの》無し。

学を能くする者は大に依って之を致めることを得、小に就いては之を取らむ。

這の際に工夫すること有り。工夫《おもいねり》は能く格《ただ》し致成《おこなう》なり。

格し致めるには総別有り。

総には源元の宗在り。一立つときは二立つなり。二立つときは三立ち、三立つときは万《すべて》立つなり。別に物事に在って、一有るを学ぶときは二有り。二有るときは三有り、三有るときは万て有り。

総と別とは一と万、格致、工夫、悉く成って得ること茲に在るなりのみ。

【意訳】

この五大を教えとして導く者に従えば、従う者は善き人となる。なぜならば、すべての人を含み、諸々すべての事柄を網羅するために大といい、その善によってすべてが救われるからである。五大によって学ぶ者は道を極めるが、偏った狭い学び方では道とはならない。それをよく考えねばならない。考えることによって物事を深く知り、正しい方へ向上していくのである。

正しき学びを極めるには、そのやり方に基本と個別の方法とがある。

基本はわが国の神の道の原則である五鎮道を本とし、そのはたらきであるところの宗源と霊宗を知り、それによって齊元が導かれることを知ることである。道はこれによって全てが成る。

すべての元が宗源から始まっていることを学べば、合わせて霊宗を学ぶこととなり、その二つを覚れば齊元を理解することになる。神は宗源、霊宗、齊元という三つの原則ではたらき表れる。あらゆる物事に一有ればその対としての一があって二となり、二あれば二つに共通する三つ目があり三となる。この三つを合わせて行うのが原則であり、万事に通用するやり方となる。

これらは個人と公の別なく等しく通じ、正しく学問をして道を極めていき、よく考えて行うことで成り得る方法である。

宗徳経　第三十九巻経教本紀（上巻の上）終

《資料2》　神代七代七世の天津神（先代旧事本紀大成経第一巻神代本紀より）

生無始天神《ましますことなきはじめのあまつかみ》　天祖《あまつみおや》　天譲日天先霧地譲月地先霧皇尊《あめのゆずるひあめのさぎりくにのゆずるつきくにのさぎりのすめらみこと》

始生出天神《はじめになりいでませるあまつかみ》　天尊《あまつみこと》　大甘美葦芽彦舅尊《おおうましあしかびひこじのみこと》

一代　倶生天神《ともになりますあまつかみ》　天皇《あめのすめろぎ》　天常立尊《あめのとこたちのみこと》

天帝《あめのみかど》　天御中主尊《あめのみなかぬしのみこと》

二代　倶生天神《ともになりますあまつかみ》　天皇《あめのすめろぎ》　地常立尊《くにのとこたちのみこと》

天帝《あめのみかど》　豊御地主尊《とよみくにぬしのみこと》

一世　独化天神《ひとりなりませるあまつかみ》　天王《あめのおおきみ》　天八降魂尊《あめのやくだりたまのみこと》

三代　偶生天神《たぐいなすあまつかみ》　天帝《あまつみかど》　長遂来居尊《つのぐいのみこと》

天后《あまつきみ》　幾活来居尊《いくぐいのみこと》

二世　独化天神《ひとりなりませるあまつかみ》　天王《あめのおおきみ》　天三降魄尊《あめのみくだりだまのみこと》

四代　偶生天神《たぐいなすあまつかみ》　天帝《あまつみかど》　得日道丹尊《うひじにのみこと》

天后《あまつきみ》　為日道丹尊《すひじにのみこと》

三世　独化天神《ひとりなりませるあまつかみ》　天王《あまつおおきみ》　天五十合魂尊《あめのいそあいたまのみこと》

五代　偶生天神《たぐいなすあまつかみ》　天帝《あまつみかど》　大留彦尊《おおとまびこのみこと》

天后《あまつきみ》　大留婦尊《おおとまめのみこと》

四世　独化天神《ひとりなりませるあまつかみ》　天王《あまつおおきみ》　天八百日魄尊《あめのやおひたまのみこと》

六代　偶生天神《たぐいなすあまつかみ》　天帝《あまつみかど》　扇賢巫音尊《あおかしきねのみこと》

天后《あめのきみ》　紋賢巫音尊《あやかしきねのみこと》

五世　独化天神《ひとりなりませるあまつかみ》　天王《あまつおおきみ》　天八十万魄尊《あめのやそよろずだまのみこと》

七代　偶生天神《たぐいなすあまつかみ》

六世　独化天神《ひとりなりませるあまつかみ》

七世　独化天神《ひとりなりませるあまつかみ》

天帝《あまつみかど》　去來諾尊《いざなぎのみこと》

天后《あまつきみ》　去來冊尊《いざなみのみこと》

天王《あまつおおきみ》　高皇産霊尊《たかみむすびのみこと》

天王《あまつおおきみ》　神皇産霊尊《かみむすびのみこと》

【既刊本】
薫りたつ人　其の壱・其の弐・其の参
薫りたつ人　其の結　先代旧事本紀大成経伝(一)
古代憲法　先代旧事本紀大成経伝(二)
お問合せ先　info@edition-at.co.jp

宗徳経　先代旧事本紀大成経伝（三）
二〇一七年八月十五日　第一刷発行
著　者　安齋玖仁（あんざい　くに）
発行所　有限会社エー・ティー・オフィス
出版企画部　〇三（五四一一）四〇五四
〒一〇七－〇〇六二　東京都港区南青山四－八－十五
印刷所　モリモト印刷株式会社
〒一六二－〇八一三　東京都新宿区東五軒町三－十九
本社　〇三（三二六八）六三〇一（代）

ISBN 978-4-908665-02-8